曹聚仁文史集萃

曹聚仁 著

书林新话

中国文史出版社

图书在版编目（CIP）数据

书林新话 / 曹聚仁著 . —— 北京：中国文史出版社，
2023.1

（曹聚仁文史集萃）

ISBN 978-7-5205-3612-7

Ⅰ . ①书… Ⅱ . ①曹… Ⅲ . ①读书笔记—中国—现代
Ⅳ . ① G792

中国版本图书馆 CIP 数据核字（2022）第 146868 号

责任编辑：高贝

出版发行：中国文史出版社

社　　址：北京市海淀区西八里庄路 69 号院　邮编：100142

电　　话：010-81136606　81136602　81136603（发行部）

传　　真：010-81136655

印　　装：北京新华印刷有限公司

经　　销：全国新华书店

开　　本：787mm×1092mm　1/16

印　　张：13.5

字　　数：120 千字

版　　次：2023 年 3 月北京第 1 版

印　　次：2023 年 3 月第 1 次印刷

定　　价：49.80 元

引言——学而时习之

四十年前初入书馆受学，开卷便是《论语·学而》章："学而时习之，不亦说乎！"过了四十年，又在普遍学习空气中唤起了新的概念，这才真正的"不亦说乎"！

孔子说"学习"，分三段来说，第一句是学而时习之，那是指书本上知识的接受，学是知新，习是温故；学是"日知其所亡"，习是"月无忘其所能"。时时学习，才得到了真正的乐处，所以说"不亦说乎"！紧接上的是"有朋自远方来"，他要和各方来的朋友讨论研究，一面讨论，一面研究，一番研究，一番讨论，从切磋中得到了实益，《周易·象传》："丽泽，兑，君子以朋友讲习"，现在我们的学习，也就是和朋友讲习，得到"不亦乐乎"的胜境。孔子所说的第三步仍回到自己的修养上去，一切学习都只是为了把自己锻炼成有用之才，做一个堂堂的人。若是自己"礼义无愆"，修养得很好了，"用之则行，舍之则藏"，所以说："人不知而不愠，不亦君子乎！"（"衣锦尚䌹，君子恶其文之著也！"）这一点和现在的学习有不同；今后的学习，是以服务人类为前提，不仅是在自己的修养上下功夫的！

朱子《论语集注》，引《说文》"习，鸟数飞也"语来解释"时习"，小鸟学飞，并不是在房子里听它的母亲讲解流体力学的各个定理。它们也许不曾听过什么流体力学，只是跟着它们的妈妈到广场上去学飞，有如我们学习骑脚踏车似的；飞了一回，停了一回，看了一回，又飞了一回，也许倒栽过几个斤斗也就学得很好，可以自由自在地飞来飞去了。这便是经验主义的说法。

"真正的理论在世界上只有一种，就是从客观实际抽出来，又向客观实际得到了证明的理论。"这也可说是"小鸟学飞"的学习法。

朱子云："思索譬如穿井，不懈便得清水，先亦须是浊，渐渐刮将去，却自会清。"这也是"时习"的意思，"习"要不断地"习"，如穿井似的，只管向前去穿，不肯歇手，便可得清水出了。此义甚好。

朱子又说："方其知之而行未及之，则知尚浅，既亲历其域，则知之益明，非前日之意味。"这可引作"经验"与"知识"互相结合的注解。

目录

上卷　读书散记

中卷　蠹话甲录

下卷　蠹话乙录

上卷

读书散记

我的读书经验

中年人有一种好处，会有人来请教什么什么之类的经验之谈。一个老庶务善于揩油，一个老裁缝善于偷布，一个老官僚善于刮刷，一个老政客善于弄鬼作怪，这些都是新手所钦佩所不得不请教的。好多年以前，上海某中学请了许多学者专家讲什么读书方法读书经验，后来还出一本专集。我约略翻过一下，只记得还是"多读多看多做"那些"好"方法，也就懒得翻下去。现在轮到我来谈什么读书的经验，悔当年不到某中学去听讲，又不把专集仔细看一看；提起笔来，觉得实在没有话可说。

记得四岁时，先父就叫我读书。从《大学》《中庸》读起，一直读到《纲鉴易知录》《近思录》；《诗经》统背过九次，《礼记》《左传》念过两遍，只有《尔雅》只念过一遍。要说读经可以救国的话，我该是救国志士的老前辈了。那时候，读经的人并不算少，仍无补于满清的危亡，终于做胜朝的遗民。先父大概也是维新党，光绪三十二年就办起小学来了；虽说小学里有读经的科目，我读完了《近思录》，就读商务印书馆出版的高等小学国文教科书；我仿读史的成例，用红笔把那部教科书从头圈到底，以示倾倒爱慕的热忱，还挨了先父一顿重手心。我的表弟在一只大柜上读看图识字，那上面有彩色图画；趁先父不在的时候，我就抢过来看。不读经而爱圈教科书，不圈教科书而抢看图识字，依痛哭流涕的古主任古直、江博士江亢虎的"读经""存文"义法看来，大清国是这样给我们亡了的；我一想起，总觉得有些歉然，所以宣统复辟，我也颇赞成。

先父时常叫我读《近思录》，《近思录》对于他有很多不利之处。他平常读"四书"，只是用朱注，《近思录》上有周敦颐、张载、邵雍、程明道、程伊川种种不同的说法，他不能解释为什么同是贤人的话，有那样的大不同；最疑难的，明道和伊川兄弟俩也那样大不同，不知偏向哪一面为是。我现在回想起来，有些地方他是说得非常含糊的。有一件事，他觉得很惊讶；我从《朱文公全集》找到一段朱子说岳飞跋扈不驯的记载，他不知道怎样说才好，既不便说朱子说错，又不便失敬岳武穆，只能含糊了事。有一年，他从杭州买了《王阳明全集》回来，那更多事了：有些地方，王阳明把朱熹驳得体无完肤，把朱熹的集注统翻过身来，谁是谁非，实在无法下判断。翻看的书愈多，疑问之处愈多，一个十一岁的小孩已经不大信任朱老夫子了。

我的姑夫陈洪范，他是以善于幻想善于口辩为人们所爱好，亦以此为人们所嘲笑，说他是"白痴"。他告诉我们："尧舜未必有其人，都是孔子、孟子造出来的。"他说得头头是道，我们很爱听；第二天，我特地去问他，他却又改口否认了。我的另一位同学，姓朱的，他说他的祖先朱××于太平天国乱事初起时，在广西做知县；"洪大全"的案子是朱××所捏造的。他还告诉我许多胥吏捏造人证物证的故事。姑夫虽否认孔孟捏造尧舜的话，我却有点相信。

我带一肚子疑问到杭州省立第一师范去读书，从单不庵师研究一点考证学。我才明白不独朱熹说错，王阳明也说错；不独明道和伊川之间有不同，朱熹的晚年本与中年本亦有不同，不独宋人的说法分歧百出，汉、魏、晋、唐各代亦纷纭万状；一部经书，可以打数不清的官司。本来想归依朴学，定于一尊，而吴、皖之学又有不同，段、王之学亦有出入；即使一个极小的问题，也不能依违两可，非以批判的态度，便无从接受前人的意见。姑夫所幻设的孔孟捏造尧舜的论议，从康有为《孔子改制考》《新学伪经考》找到有力的证据，而岳武穆跋扈不驯的史实，在马端临《文献通考》得了确证。这才恍然大悟，"前人恃胸臆以为断，其袭取者多谬，而不谬者反在其所弃"（戴东原语）。信古总要上当的。单不庵师读书之博，见闻之广，记忆力之强，足够使我们佩服；他所指示正统派的考证方法和精神，也帮助解决了不少疑难。我对于他的信仰，差不多支持十年之久。

然而幻灭期毕竟到来了。五四运动所带来的社会思潮，使我们厌倦于琐碎的考证。胡适的《中国哲学史大纲》带来实证主义的方法，人生问题、社会问题的讨论，带来广大的研究对象，文学、哲学、社会等的名著翻译，带来新鲜的学术空气，人人炽燃着知识欲，人人向往于西洋文明。在整理国故方面，梁启超的《中国历史研究法》，顾颉刚的古史讨论，也使从前康有为手中带浪漫气氛的今文学，变成切切实实的新考证学。我们那位姓陈的姑夫，他的幻想不独有康有为证明于前，顾颉刚又定谳于后了。这样，我对于素所尊敬的单不庵师也颇有点怀疑起来。甚而对于戴东原的信仰也大大动摇，渐渐和章实斋相接近了。我和单不庵师第二次相处于西湖省立图书馆（民国十六年），这一相处，使我对于他完全失了信仰。他是那样渊博，却又那样没有一点自己的见解；读的书很多，从来理不成一个系统。他和鹤见祐辅所举的亚克敦卿一样，"蚂蚁一般勤劬的学殖，有了那样的教养，度着那么具有余裕的生活，却没有留下一卷传世的书；从他的讲义录里，也不能寻出一个创见来，他的生涯中，是缺少着人类最上的力的那创造力的。他就像戈壁沙漠的吸流水一样，吸收了知识，却并一泓清泉，也不能喷到地上面来。"省立图书馆中还有一位同事——嘉兴陆仲襄先生也是这样的。这可以说是上一代那些读古书的人的共同悲哀。

我有点佩服德国大哲人康德（Kant），他能那样地看了一种书，接受了一个人的见解，又立刻能把那人那书的思想排逐了出去，永远不把别人的思想砖头在自己的周围砌起墙头来。那样博学，又能那样构成自己的哲学体系，真是难能可贵的！

我读了三十年，实在没有什么经验可说，若非说不可，那只能这样：

第一，时时怀疑古人和古书；

第二，有胆量背叛自己的父师；

第三，组织自我的思想系统。

若要我对青年们说一句经验之谈，也只能这样：

"爱惜精神，莫读古书！"

颜李学派之读书论

……试观今天下秀才晓事否？读书人便愚，多读更愚；但书生必自智，其愚却益深。

——颜元《四书正误》

……读书愈多愈惑，审事机愈无识，办经济愈无力。

——颜元《朱子语类评》

一

在沪杭车上，新近遇到一位劝人读书的说教人，他告诉我"开卷有益"的古训。他劝我熟读朱熹的《四书集注》。我请教他：焦循、刘宝楠的《论语正义》《论语集解》《孟子正义》①比《四书集注》何如？他说他不认得焦循、刘宝楠。他说他自己读过《诗经集传》（朱熹）、《（尚）书集传》（蔡沈），但是他又不认识孙星衍、陈奂。他自己大概是从来不开卷的，可是他爱劝人开卷。后来他和另一车客谈起麻将经来，那么头头是道，津津有味，我不禁肃然起敬；他的"有益"，既完全在"中""发""白"上头，自然非把开卷的事交给比他年轻的人不可了。我手边刚好拈起颜习斋的集子，我心里想想那位说教人不知除了开卷有益的老话以外，还知道世间另有"开卷有害"的话头否？因为我不爱对牛弹琴，也就不把颜李学派的道理说给他听。

我们浙东学派各流派，一向不大看重书本上的知识；北宋王安石，南宋吕祖谦、陈同甫、叶水心都把学问看作解决民生经济的实际方案，又把学问看作方案实施的历程报告，离开社

---

① 此处论述不够严谨，三部著作的作者为：《论语正义》，刘宝楠撰；《论语集解》，何晏等撰；《孟子正义》，焦循撰。

会实际问题就无所谓学问。所以王安石行新政，司马光引经据典那样君子小人说了一大堆，还经不得王安石"不恤国事，同俗自媚"八个字的批评。由千载后的我们看来，像司马光那些人，救国不足，误国有余，都是那些圣经贤传害了他们，清初学者，如顾亭林、黄梨洲，也叫大家去注意当前的社会问题，谓："孔子删述六经，即伊尹、太公救民水火之心，故曰：'载诸空言，不如见诸行事。'"（顾亭林《与人书》）人总是皮包骨头，有感情有理智的，生当乱世，要叫大家忘记眼前的痛苦，不关心身边的问题，事实上本不可能；叫青年从街头回到书斋，爬到云端里去做梦，更非情理中应有的事。浙东学派反玄想而主实用，轻书本而重实践，至少对于现今这社会是一剂对症的药。

憎恨书本上的呆板知识，把"开卷有害"的话说得最透辟最明快的，莫如颜李学派两大师——颜元、李塨。颜习斋的一位门生用《中庸》"好学近乎知"那一句话来问习斋，习斋说："你心中是不是以为多读书就可以破除愚见？"那人说："是的。"习斋说："不然，试观今天下秀才晓事否？读书人便愚，多读更愚；但书生必自智，其愚却益深。"李恕谷也说："纸上之阅历多，则世事之阅历少；笔墨之精神多，则经济之精神少；宋明之亡以此。"（《恕谷年谱》）这是比浙东学派更进一步的说法。

二

所谓孔孟之道，自来被读书种子当作护卫自己的盾牌，只要他自己有什么作用，要对青年来说教，便托之于孔孟；两汉经学家，宋明理学家，以及董仲舒、赵普之类的政客，都玩过这一套手法。宋明理学家从佛教、道教学得一点方法论和形而上学的理论，便把它套在儒家的思想上头，硬派孔孟是"明心见性"一路人；从《礼记》取出《大学》《中庸》，从伪《舜典》取出"人心惟危，道心惟微，惟精惟一，允执厥中"十六字的心法，硬派作孔孟的哲学体系。"涵养须用敬，进学则在致知"两句话，道问学的程朱和尊德性的陆王在致知方面意见虽不一致，对于"用敬"则完全同调的。而且程朱所谓格物致知，最初主张"人心之灵，莫不有知；而天下之物，莫不有理；唯于理有未穷，故其知有不尽也。……即凡天下之物，莫不因其已知之理而益穷之，以求至乎其极。"（朱子补《大学》）后来一让步，又把格物的范围，缩小到"穷经，应事，尚论古人"三项上头，谓："穷理亦多端，或读书讲明义理，或论古今人物，别其是非，或应接事物，求其当否，皆穷理也。"

（《伊川语录》）宋明理学家教人为学，逃不出圣经贤传那个小圈子，也脱不了禅家静悟的法门。颜李学派出来，才明明白白说理学家半日读书半日静坐那是野和尚，绝不是孔孟之道。颜习斋替孔孟和程朱画成两幅图画，说：

> 请画二堂，子观之。一堂上坐孔子，剑佩、觿决、杂玉、革带、深衣。七十子侍，或习礼，或鼓琴瑟；或羽籥舞文，干戚舞武；或问仁孝，或商兵农政事；服佩皆如之。壁间置弓矢、钺戚、箫磬、算器、马策，各礼衣冠之属。一堂上坐程子，峨冠博服，垂目坐，如泥塑，如游、杨、朱、陆者侍，或反观静坐，或执书伊吾，或对谈静敬，或搦笔著述。壁上置书籍、字卷、翰砚、梨枣。此二堂同否？

《论语》一书，记载孔门师弟问答，其中没有一句空议论，也没有一件虚设事；经过习斋这样对比起来，更可以明白孔门学问的本真，所以颜李学派敢于说这样的结论："……人之岁月精神有限，诵说中度一日，便习行中错一日，纸墨上多一分，便身世上少一分。"（颜元《存学编》）"程朱……直与孔门敌对，必破一分程朱，始入一分孔孟。"（李塨《颜习斋先生

年谱》)

颜李学派说宋儒如得一路程本，观一处又观一处，自喜为通天下路程；别人也以为他们晓得路程，其实他们一步未行，一处未到。这譬喻本来说得很好，不过宋明理学家还不至于空疏到这样；社会上一般章句陋儒，把书本上的知识当作学问，那才真是读路程本的人。颜李学派最反对人求纸片上的知识，说："以读经史、订群书为穷理处事以求道之功，则相隔千里。以读经史、订群书为即穷理处事，曰道在是焉，则相隔万里矣。譬之学琴然，诗书犹琴谱也，烂熟琴谱，讲解分明，可谓学琴乎？故曰：以讲读为求道之功，相隔千里也。更有一妄人指琴谱曰，是即琴也，辨音律，协风韵，理性情，通神明，此物此事也，谱果琴乎？故曰：以书为道，相隔万里也。"又说："……道不在诗书章句，学不在颖悟诵读；而期如孔门博文得礼，身实学之，身实习之，终身不懈者。"读书误人，"读书愈多愈惑，审事机愈无识，办经济愈无力。"好好青年，在书堆下变成了废物，这悲哀，颜李学派是看得非常透彻的；颜习斋曾经说过一段最沉痛的话："……但于途次闻乡塾群读书声，便叹曰：'可惜许多气力！'但见人把笔作文字，便叹曰：'可惜许多心思！'但见场屋出入人群，便叹曰：'可惜许多人才！'故二十年前，但凡聪明有志人，便劝之多读；近来但见才器，便戒勿多读书。……噫，试观千圣百王，是读书人否？虽三代后整顿乾坤者，是读书人否？吾人急醒！"（《朱子语类评》）我们假使无意于躲避这现实，我们该同意他们的说法。"人之认读者为学者，固非孔子之学；以读书之学解书，并非孔子之书。"我们真该："生存一日，为生民办事一日。"（《颜元年谱》）

三

再进一步，从圣经贤传那些纸片上打圈子的，误了自己，其害尚小，误了社会国家，其害不可胜说。颜李学派从这一点，对于宋明理学家以及一般章句陋儒有更严正的批评。习斋说："宋人但见料理边疆便指为多事，见理财便指为聚敛，见心计材武便憎恶斥为小人。"又说："白面书生，微独无经天纬地之略，礼乐兵农之才，率柔脆如妇人女子，求一腹豪爽倜傥之气亦无之。"知识分子平日对于国家安危盛衰，不闻不问，以为那是学问以外的闲事；到了危殆不可救药，也只叹息几句了事。习斋诘问宋儒：

何独以偏缺微弱，兄于契丹，臣于金、元之宋，前之居汴也，生三四尧、孔，六七禹、颜；后之南渡也，又生三四尧、孔，六七禹、颜？而乃前有数圣贤，上不见一扶危济难之功，下不见一可相可将之材，两手以二帝畀金，以汴梁与豫矣！后有数十圣贤，上不见一扶危济难之功，下不见一可相可将之材，两手以少帝赴海，以玉玺与元矣！多圣多贤之世，而乃如此乎？噫！（颜元《存学》）

我们觉得句句都是真实的话，清初多尔衮入关，写信给史可法，说："挽近士大夫，好高树名义而不顾国家之急，每有大事，辄同筑舍。昔宋人议论未定，兵已渡河，可为殷鉴。"这岂独宋明的士大夫如此，自来士大夫无不这样把国事弄糟了的。

颜李学派不愿意知识分子陷溺下去，不愿意痛痒相关的社会更糟乱下来，因而鼓励大家负起责任来，说："学者勿以转移之权委诸气数，一人行之为学术，众人从之为风俗，民之瘼矣，忍度外置之乎？"（习斋语）他们所认为真正的学问，并不是读书而是切实去"习"。习斋说："孔子则只教人习事。……吾尝谈天道性命，若无甚扞格。一着手算九九数，辄差。……以此知心中醒，口中说，纸上作，不从身上习过，皆无用也。"李塨也说："圣学践形以尽性。……今儒堕形以明性，耳目但用于诵读，耳目之用去其六七；手但用于写字，手之用去其七八；足恶动作，足之用去九；静坐观心而身不喜事，身心之用亦去九；形既不践，性何由全？"至于他们所提出的学习范围，一为《尚书》里的"六府：金、木、水、火、土、谷，三事：正德、利用、厚生"。二为《周礼》里的"六德：智、仁、圣、义、忠、和，六行：孝、友、睦、姻、任、恤，六艺：礼、乐、射、御、书、数"。这些学问，一部分是道德上的实践，一部分是事业上的实用，绝不是纸上看看口头说说心头想想所能交代过去的。颜习斋一生亲自耕田，亲自赶车，学习琴、骑马、技击、医学，研究兵法及水利，什么都是亲身做去，一毫不松弛，其精神大可佩服！

呜呼！用一个"呜呼"来收束罢，现在是大家在说"开卷有益"的时候，这"开卷有害"的颜李学派的主张，怕也会变成逆耳之谈呢，然而，习斋说得好："立言但论是非，不论异同；是，则一二人之见不可易也，非，则虽千万人所同，不随声也！"我们应该有独往独来的精神！

要通古书再等一百年

　　我所谓"古书"，指"五经"及"先秦诸子"而言。"通"的限度指"看懂文句，看通义理"。"再等一百年"是一句真实的话，没有半点夸张的意味。

　　清代以前，从来没有读通过古书，那是事实。西汉今文家把阴阳五行家的外套，穿在儒家身上，把孔子和"五经"连在一起，于是"五经"非本来的"五经"，儒家非本来的儒家，孔子非本来的孔子，董仲舒之流说《春秋》，刘向之流说《洪范》，目的在迎合君王的心理，做升官发财的工具，那样说经，永远说不通的，所以今文家虽说了微言大义，古书并未读通是显然的。东汉古文家以周公为圣人，以孔子为述而不作，训诂方面颇为努力；但看他们说《尧典》"粤若稽古"说了二三十万言，决不会有什么高明的见解；而且第一流大学者用全副精神去和今文学家闹意见，意气之争太多，把本义抛开了；可见古文家也不曾把古书读通过。东汉末年，郑玄融合今古文的工作是有意义的，可是他除了训诂以外，理义上的理解力太薄弱，没有什么大成就，也算不得读通古书。古书在魏晋以后，只有《易》《老》《庄》三书，经过清谈家的赏识，别有会心；其他部分是冷落下去；今文家的章句也先后亡佚了。唐人的注疏，因为他们重北学轻南学，反而把一些伪学窜了进去，古书的面目全非，更说不上通古书。宋明理学家以《书》学为灵魂，借儒家的尸体复活起来；他们的读古书，都是借他人杯酒，浇自己的块垒。如朱熹的《四书集注》，只是朱子的哲学讲义，和孔孟的本义有时竟会"风马牛不相及"。由此路以求通，其终点是印度，和释迦牟尼站在一起了。加以明代学问家的固陋，古书给他们捣乱得一塌糊涂，其去古书愈远，愈无从求通了。

整理古书向"通"的路上走，自清初经学家起。顾亭林的参互博证，胡渭、阎若璩的辨别伪书，开了清代考证学的先河；他们努力把前人所加于古书上的葛藤，一一剔挖清楚，恢复古书的本来面目，精神和方法都是科学的实证的。乾嘉以后考证学家努力所得的成绩是可惊的。戴东原所谓，"志存闻道，必空所依傍。汉儒训故有师承，亦有时附会，晋人附会凿空益多；宋人则恃胸臆为断，故其袭取者为谬，而不谬者在其所弃。……宋以来儒者，以己之见，硬坐为古贤圣立言之意，而语言文字实未之知；其于天下之事也，以己所谓理强断行之，而事情原委隐曲实未能得，是以大道失而行事乖。"直把古人瞎讲古书情形一一说出。又谓："凡仆所以寻求于遗经，惧圣人之绪言，暗汶于后世也。然寻求而获，有十分之见，有未至十分之见；所谓十分之见，必征之古而靡不条贯，合诸道而不留余议，巨细毕究，本末兼察；若夫依于传闻以拟其是，择于众说以裁其优，出于空言以定其论，据于孤证以信其通，虽溯流可以知源，不目睹渊泉所导，循根可以达杪，不手披枝肄所歧，皆未至十分之见也。"也把怎样求通的态度和方法都说出来了。经过那些考证学家的辨伪、校勘、考证，"五经"才粗粗可通，诸子也渐渐可通。但考证学家所整理的工作，散见那么庞大的《清经解》《续清经解》里，后人要从那里去求通，决无此精力，亦无此时间；因此宋明理学家的注解，唐人的注疏，依旧在社会上流行着。现在结总账的工作已经开始了，《墨子》《庄子》之类都有很好的注解出来，四五十年后，"五经"之类，也会有定本的集注。目前的青年不必性急，让四五十年后的人去读古书，也未为迟。

特别要提出的是：光绪二十四五年，殷墟（安阳）发现龟甲那件大事，和中央研究院近年在安阳一带的发掘工作。龟甲文供给殷周时代的地下史料；有了龟甲文字研究，《尚书》研究方开辟出新天地，王国维的《古史新证》，顾颉刚的《古史讲义》，郭沫若的《古代社会研究》出来，孙星衍的《尚书今古文注疏》又成为土苴，无足轻重了。中央研究院的地下发掘工作正在积极进行，年年有大量的新发现。关于殷晚期的文化，关于青铜期西欧与东亚的文化交流，关于殷代宫室明堂的制度，关于殷代版筑的方法，关于殷周棺椁的制度，关于古车的制度……目前都有新的认识，三五十年后的古史，将不知改变成为怎样的新面目呢！龟甲文字的研究，必待一百年后方能完成；那时的殷周古史，又不知改变成为怎样的新面目。在西洋，埃及古史本来也很荒谬；十九世纪后半期，考古学家在荒原上做发掘埃及古代陵墓的工作，在研究室中绞尽脑汁来解释埃及的文字，居然写成了埃及史的新页，十八世纪以前学者所不曾梦见的古史。我们所得的地下史料这样丰富，也许比埃及史还能写得完备些。

所以要通古书，切莫性急，请再等一百年，等考古学家发掘出来，研究出来。

无经可读

"读经"的话，我听得很多了。依我这个从国故圈子里出来的人看来，问题还不在青年该不该读经，而在有什么经可以读，"五经""九经""十三经"，我差不多都读过了；西汉今文家的微言大义，东汉古文家的训诂，以及唐人的注疏，宋人的义理，清人的考证，我看得也不算少了；我的结论是四个大字——无经可读。

先从《易经》说起。《周易》是战国末年阴阳五行家所附会的卜筮之书，和文王、周公、孔子绝对没有关系，画卦重卦之说，都是前人的谣言，这差不多可以下全称肯定的结论了。汉人阴阳家化的《易纬》；魏晋间老庄化的王弼注，神仙家化的《参同契》；宋以后道士化的《先天图》、理学化的伊川《易传》，谁的话都是主观的、臆造的，没有一种是可靠的。近年来容肇祖、李镜池的研究，方是《周易》研究的正轨，但三五十年内绝无完善的《易经》可读，谁都明白的，所以我们不能叫青年读《易经》。

其次说到《尚书》。《尚书》五十八篇中，有二十五篇是魏晋人伪造的；这件公案，早经三百年前学者阎若璩考成定案了；而坊间的《尚书》，还是用真伪杂糅的蔡沈集传，冬烘先生捧着这样固陋的集传来当读本，其不能理解《尚书》，可以推想而知。可是清人的研究，还只长于真伪的剖辨，文句的校勘，训诂的考订，其于整理古史，还差得很远。自安阳龟甲出土，古史面目焕然一新了，王国维、罗振玉的研究已非阎若璩、孙星衍、魏源所能梦见，近年顾颉刚、李济的研究，更非清代学者所能及。百年后的《尚书》，一定可以淘汰汉、宋、明、清一切《尚书》的注疏考证，我们研究古史的都可以这样断言；可见目前——在古史整理未完善以前——叫青年去读《尚书》，只是白糟蹋了青年的精神和时间。

说到《诗经》，毛郑的笺注简直要不得，朱熹的集传也一样的要不得。清代学者考证注释的功夫做得很多了，如陈奂的

《毛诗传疏》，可说十分完备。若以文学的眼光来看《诗经》，则他们的工作仍是徒劳的。青年要读《诗经》，一定用不着那些笺注；而以文学的眼光来整理的《诗经》，现在还没人做过，我们怎可把《诗经》全部介绍给青年？

《春秋》的纠纷是很多的，古文家要大家去读《左传》，今文家要大家去读《公羊传》，大家争辩得口干唇焦，青年还是瞠目不解所以。目前我们所知道的，《春秋》是一部鲁国的断烂朝报，和孔子全无关系。《左传》是刘歆采《国语》中的史事，依着年月编排出来的古代编年史，和《春秋》也无连带关系。我们既不必把那本流水古账（《春秋》）介绍给青年，而给治古史有兴趣的人介绍那部《左传》，也与读经无关，读《左传》只能算是读史，不是读经。

《礼经》在今文家古文家的眼里，又是一个大纠纷。今文家把《仪礼》看得那样重要，说《周礼》是伪书；而古文家奉《周礼》为至宝，目今文家为固陋。其实今古文家的说《礼》解《礼》，都是空泛不经的，依民族学、风俗学、社会学来整理《礼经》，如江绍原、周作人、顾颉刚所做的，还仅是开端，离完成还远得很呢。连第一流大学者对于《礼经》都没有读通的把握，叫青年去读《礼经》，岂非荒天下之大唐？

此外《孝经》是西汉人所伪造的假书，杂乱无章，开端就说错；不独与孔子无关，即与儒家亦无关。那么芜杂的书，我们决不愿意青年们去读。又如《尔雅》，是一部汉人的训诂汇集，本非经书，备研究古书的人检查之用则可，怎好叫青年拿来诵读？又如《论语》《孟子》是儒家谈论人生问题政治问题的记录，把它放在哲学史、政治、思想史上自有其价值，但我们怎能勉强青年都去研究哲学和政治？我们怎能把《论语》《孟子》勉强青年们去诵读呢？我们要请教提倡读经的人们的有三项：

A. 你读过经书吗？你看过《清经解》《续清经解》吗？你能分别古文家、今文家、宋学家、汉学家的异同吗？

B. 你下过考证功夫吗？你懂得理学家的把戏吗？你懂得阴阳五行的基本理论吗？

C. 你研究过甲骨文字吗？你知道近三十年来古史研究的进步吗？你知道"五经"那名词根本不能成立吗？

假使你不能给我一个正确的答复，你就不配提倡读经！你自己既莫名其妙，还是免开尊口，不要贻误青年！

论著作

一

昨天，从书橱中翻检汪中的《述学》，是一部嘉庆年间的原刻本。汪中在乾隆时，负一代盛名，他的遗著直到他死后二十多年才梓刊行世；在他生前，《述学》仅有抄本，流传于友生间。《述学》刊本上有王念孙序文，谓其治经"振烦祛惑而得其会通"，其为文则"合汉魏晋宋作者而铸成一家之言，渊雅醇茂，盖宋以后无此作手矣"。从某一方面看，这并非溢美的阿谀。可是和汪中同时的史学家章学诚，却讥笑《述学》

算不得著作，谓：

> 其人（汪中）聪明有余，而识力不足，……恒得其似，而不得其是。……今观汪氏之书矣，所为内篇者，……大约杂举经传小学，辨别名诂义训，初无类例，亦无次序。苟使全书果有立言之宗，……则此纷然丛出者，亦当列于杂篇，不但不可为内，亦并不可谓之外也。……观其外篇，则序记杂文，泛应辞章，斯乃与《述学》标题如风马牛。列为外篇，以拟诸子，可为貌同而心异矣。（《立言有本》）

汪中的《述学》算不得著作，那些陈列在我的书橱里的，可以称之为著作的岂不少了吗？而今日坊间出版的书籍，岂不都变成牛溲马勃，不能入著作之林了吗？

古人重视他自己的著作，一生精力贯注在某一种或某几种研究上面，说是要"藏之名山，传之其人"。"藏之名山"原不过是这么一句话，但生前增订修改，周详绵密，直到晚年或身后才刊印行世。顾亭林《日知录》，看是一种读书随笔；别人以为他一年可以写成几卷，他却说："自别来一载，早夜诵读，反复寻究，仅得十余条。"笔记之类，这样不苟作；整然的著作，更非"寝馈以之"不可。亭林作《音学五书》，凡经三十年，所过山川亭障，无日不以自随；凡五易稿而手书三次。近人梁启超作《清代学术概论》，自属稿至脱稿，仅费十五天工夫，较之古人可谓奇迹。《清代学术概论》在商务刊成单行本，和《改造》杂志所载全无不同；卷端公然有"更无余裕复勘，舛漏当甚多"的自识，古人更当视为怪事。

二

顾亭林《与人书》云："尝谓今人纂辑之书，正如今人之铸钱。古人采铜于山，今人则买旧钱，名之曰废铜，以充铸而已。所铸之钱，既已粗恶，而又将古人传世之宝，舂剉碎散，不存于后，岂不两失之乎？"凡是有真价值的著作，都是采铜于山的工作。司马迁"南游江淮，上会稽，探禹穴，阚九疑，浮于沅湘，北涉汶泗，讲业齐鲁之都，观孔子之遗风，乡射邹峄，厄困鄱薛彭城，过梁楚以归。"他躬亲考察调查，以事实与记载相对勘，才铸成《史记》那么一个大鼎。顾亭林避仇北游，二十余年间，足迹遍北方诸地，每次出游，"以二马二骡载书自随，所至厄塞，即呼老兵退卒，询其曲折；或与平日所闻不合，则即坊肆中发书而对勘之。……所至荒山颓阻，有古碑遗迹，必披榛莽，拭斑藓读之。……其成就多在出游间。"所以他的《天下郡国利病书》，并不是书生空疏之论。

章太炎先生谓："凡立论欲其本名家，不欲其本纵横，儒言不胜而取给于气矜，游獭怒特，蹂稼践蔬，卒之数篇之中，自为错忤；古之人无有也。"一种著作，分之则为数篇，合之就只是一篇，自有一个井然的系统。司马迁《史记》分为本纪、世家、列传、书、表五项，以本纪、表为经，以世家、列传、书为纬，经纬相成，浑然一篇大文章。庄子《逍遥游》《齐物论》《养生主》三篇，合观之，也只是一篇大文章。大文章难于组织，古往今来，配得上著作之称的，先秦诸子而外，只有王充《论衡》、刘勰《文心雕龙》、刘知几《史通》、章学诚《文史通义》那么寥寥几种。现代著作界显得格外贫乏，也可见一般组织能力的薄弱！

顾亭林自谓平生读书，有所得，辄记之；其有不合，时复改定；或古人先我而有者，则遂削之。"古人先我而有，则遂削之"，就是说没有卓特的见地，不能自成一家之言，便没有著作之必要。近人著中国文学史，五花八门，出版了几十种。我们若要着笔写文学史，且看别人的文学史整理的成绩如何，若是自己的意见和他们全然相同，便不必下笔；若是大部分相同，小部分相异，只要写"某某文学史笺异"就够了。鲁迅先生在广州讲演《魏晋风度及文章与药及酒之关系》，开场便举出刘师培的《中古文学史》说："倘若刘先生的书里已详的，我就略一点；反之，刘先生所略的，我就较详一点。"彼详此略，互相发明，可说是最通达的办法，此法一行，坊间那些千篇一律的文学史可以废其大半了。

前人常为古书作注，注解也是著作。刘孝标注《世说新语》，与临川原书相为辅翼；裴松之注陈寿《三国志》，"寿所不载，事宜存录者，则罔不毕取以补其阙。或同说一事而辞有乖杂，或出事本异，疑不能判，并皆抄内以备异闻"。以刘孝标、裴松之之才，岂不能自作一书？乃谨以注文自见；可见著作为天下公物，原不必别张一帜以自高。（如郑康成编注群经，打破今古文门户之见；朱熹注《四书》，发挥了许多理学的真见地，注解和著作原有一样的价值。）

三

近读方东树（清桐城人）《书林扬觯》，其中犹引前人评论著述文学，有谓："著书立论，必出于不得已而有言，而后其言当，其言信，其言有用；故君子之言，达事理而止，不为敷衍流宕，放言高论，取快一时。"又谓："文之不可绝于天地间者，曰明道也，纪政事也，察民隐也，乐道人之善也；若此者有益于天下，有益于将来，多一篇，多一篇之益矣。"盖古人把解决社会问题和人生问题当作著作的唯一目的，所谓："我欲载之空言，不如见之于行事之深切著明也。"这为人生而著作的态度，颇值得我们首肯的。可是这种态度最难于保持：战国诸子百家各逞己意，说点切实的话；秦始皇以法家统一天下，只留方士神仙之说，先秦儒家最重节操，持论不远仁义；而西汉儒家，丢开孔孟济世主张，涂饰阴阳家色彩以干君听。清初顾、黄、颜、王诸大儒，通经之用，明夷以待访，谓"天下兴亡，匹夫有责"。乾嘉文字狱迭兴，一般学者，只讲训诂义例，不敢稍谈世务。自甲午以来，思想界感受强烈的刺激，社会问题、人生问题几度成为讨论的中心，这一类著作也如波浪似的有时销行得很多（光绪二十七、二十八年，民国九、十年，十七、十八年间，坊间都印这一类著作）。现在又转为四库珍本《古今图书集成》的流行期了，盖"为人生而著作"，无分古今，此路皆不通行的！

著作与纂辑

上海某刊征求近五十年的百种名著，商务印书馆推荐了独家经售别无分出的百种名著；其中吴增祺的《涵芬楼古今文钞》，也算是名著。又有数十名家推荐了二百十九种初荐名著，其中有××史料，××索引，××辞书，也算是名著。中国的著作界说，大概是沿袭孔家"述而不作"一脉而来的。

章实斋《答客问》云："所以通古今之变而成一家之言者，必有详人之所略，异人之所同，重人之所轻，而忽人之所谨，绳墨之所不可得而拘，类例之所不可得而泥，而后微茫杪忽之际，有以独断于一心。及其书之成也，自然可以参天地而质鬼神，契前修而俟后圣，此家学之所以可贵也。……若夫君臣事迹，官司典章，王者易姓受命，综核前代，纂辑比类，以存一代之旧物，是则所谓整齐故事之业也。开局设监，集众修书，正当用其义例，守其绳墨，以待后人之论定则可矣，岂所语于专门著作之伦乎？……天下有比次之书，有独断之学，有考索之功，三者各有所主，而不能相通。……高明者多独断之学，沉潜者尚考索之功，天下之学术，不能不具此二途。"他把一家著述和纂辑之书分得清清楚楚；既说到"著作"，原不该把"比次的""考索的"一类书都当作一家之言的。至于书的效用，那又是另一问题；纂辑之书有时比一家之言有用得多，如叶圣陶先生所编的《十三经索引》，虽不是著作，在一般书桌上却少它不得。章实斋也说："若夫比次之书，……其用止于备稽检而供采择，初无他奇也；然而独断之学，非是不为取裁；考索之功，非是不为按据……不可轻议也。"

章实斋《报黄大俞先生》书，说著述与比类两家相互为用之理，甚好。他说："古人一事必具数家之学，著述与比类两家，其大要也。班氏撰《汉书》，为一家著述矣；刘歆、贾护之《汉记》，其比类也；司马撰《通鉴》，为一家著述矣，二刘、范氏之《长编》，其比类也；两家本自相因而不相妨害。……但为比类之业者，必知著述之意；而所次比之材，可使著述者出，得所凭借，有以恣其纵横变化；又必知己之比类与著述者各有渊源，而不可以比类之密而笑著述之或有所疏，比类之整齐而笑著述之有所畸轻畸重，则善矣。"学术为天下公物，自书贾以书籍为商品，而著作日"滥"；自"版权所有"之法行，而注疏的成法废，人人替书贾去写成部的书，既非著述，又非比类，在白纸上印些黑字，使书贾可以捞钱就是了，"著作"云乎哉！

纂辑之书，如王芸生辑《六十年来中国与日本》，周详有条理，可说是中国外交史长编。左舜生的《中国近百年史资料》正续编，就挂一漏万，不能算是史料长编。刘师培的《中古文学史》是一编最好的中古文学史料；但他的弟子以此为蓝本的《魏晋六朝文学史》都不成话。记注欲其"方以智"，著述欲其"圆以神"。纂辑要有很丰富的材料可以依据，要费很长时期去搜寻整理，如汪辉祖编《史姓韵编》，花了一生精力，左舜生在洋场编书，限以时日，只能编成那样不伦不类的史料。著述要有深邃的思考力，推陈出新，成一家言，英国哲人斯宾塞，以憎书有名，他几乎不读书，但他做了许多伟大的著作。刘师培如把一套好材料交给自己的弟子，也写不成一本好的中古文学史。司马迁要把自己的一家言，藏之名山，传之其人，真所谓"甘苦自知"。黄宗羲的《宋元学案》，非全祖望不能竟其功；《学案》告成，快已满百年了。真的好著作，五十年间，有一二十部已经够我们满意了，哪里来的一百种？

书 的 故 事

　　叶德辉，那个湖南的怪人（以大麻子出名），他写了一本不朽的书《书林清话》，说的是书本的故事。苏联有一位伊林，他也写了一本《书的故事》，风趣环生，引人入胜。伊林的书是写给小孩子看的，叶德辉的书，那是写给专家看的，对于我，倒同样地受到了好处。

　　拉丁的古谚："连一本书都是有命运的。"一本书的命运有时候却比人的命运更加奇怪些。沈复（三白）的《浮生六记》，这五十年间，要算最流行的书了；不仅有了英文译本，而且拍成了影片，陈芸的命运，不知赚了多少人的眼泪。这本自传，作于十八世纪末年，直到十九世纪末年，才由杨引传在冷摊上发现刊行出来，中间就冷搁了七八十年；而且这发现是偶然的，若非王韬（杨妹婿）交由《申报》来印行，杨刊本也还是很少人去注意的。

和沈复同时的另一位大史学家章学诚（实斋），他的《文史通义》（史学上最伟大的著作），一七八九年成书，直到一九二〇年，浙江图书馆得会稽徐氏抄本《章氏遗书》铅印行世，才为国人所共知。最完全的《章氏遗书》，那是吴兴刘氏嘉业堂本（刘承干所刊），一九二二年出版，也在章氏死后百年了。

和章实斋相先后的另一大史家崔述（东壁），他的名著《考信录》，花了他一生的心力；幸赖他的弟子陈履和服官云南，才在昆明有机会刊出来。可是《崔东壁遗书》，为国人所认识，也是最近三十年的事。这和《（王）船山遗书》，成书于十七世纪末年，直到十九世纪中叶才由曾国藩刊印出来，命运是相同的。

胡适博士作《章实斋年谱》，序中说："他（章氏）生平眼高一世，瞧不起那班'攘绩补苴'的汉学家，他想不到，那班攘绩补苴的汉学家的权威，竟能使他的著作迟至百二十年后方才有完全见天日的机会，竟能使他的生平事迹埋没了百二十年无人知道呢！"

到了铅印时代，由平版机而转轮机，书的出版，那真便当极了；一本六十四页的《生活》周刊，上午十时付印，下午四时便装订出四百多万册来了。

可是，一进入工业社会，书店以营利为目的；如商务那样的大书店，就不知淹死了多少好的著作。周作人翻译的《匈奴奇士录》（匈牙利，利育珂摩可著），那是清宣统元年，由蔡子民介绍给商务的，直到民国十九年才出版，就在那冷宫中雪藏了二十年。要不是周作人出了名，成为了不得的作家，这部书是不会见天日的。我的朋友高君，他花了五年多工夫，编了一本《二十四史人名大辞典》；商务已经把这部稿本买下去了，他们所以买这部稿子，就因为商务已经出了《人名大辞典》，凡是同一类的辞典，就不愿意别家书店再出版同样的书。他们收买同类的稿本，即是保障营业的一种法门；至于编著人的心力，那就不在他们考虑之中了。诸如此类，死在商务印书馆的编辑部中的稿子，总有一千种以上呢！

这类戕害著作的黑色故事，说起来还多得很。友人吕叔湘，他花了半年多工夫才译好路威的《文明与野蛮》，其后便在好几家书店的编辑部旅行了很久，差不多一年光景，又回到他的抽屉中去了。又过了半年，才由一家背时的书店拿去付印，差不多又过了一年光景，写信去问印出没有，说是已经排好，两个月可以出版。两个月之后再去问，说是市面不景气，暂缓些时就印。再过两个月去问，连回信也没有了。又托人去商量，说是可以把稿子退还呢，不过要译者付排版费二百五十元。后来还是请了律师打了官司，花了钱才把这部译稿拿回的。直到这部名著在生活书店出版，已经整整三年了。

以我所知，每个作家，都碰到过这样倒霉的事呢！

上面，我说了商务、中华那几家大书店的势利眼，只重衣衫不重人，埋没了许多好书。国民革命军北伐成功，要不是国共分了家，创造社一些人已经决定清算商务的旧账了。不过，大树下好遮阴，许多书，全靠商务才得救的。因为，文人办书店，能像生活、开明那样有头有尾，实在太少了。新月社那群人，以胡适为首，梁实秋、潘光旦等教授辅之，办了《新月》杂志，又办了新月书店；后来新月毕竟关门了，胡适的著作，也都移到商务去了。

汪原放办亚东图书馆，要算最认真而且很稳健的一个，可是亚东关了门，胡适的《留学日记》转入了商务，那几部《文存》及编选最精明的《胡适文选》，毕竟还没有着落呢！北新书局，与开明、生活鼎足而三，新书的健将；北新老板李小峰，可说是依靠着鲁迅、周作人兄弟起家的，而今北新差不多完了，鲁迅的书，要不是那个出版委员会另行出版，也几乎绝了版呢。

陈铭枢拿出二十万元资本，叫王礼锡办神州国光社，一开头也是很热闹的；冯友兰《中国哲学史》上册，就是神州国光社的本子。后来，这部名著，要不是由商务接了去，也会绝版的。其他朋友们办的书店，诚所谓昙花一现的很多。天马书店，出了许多名家自选集，到了今天，只有形形色色的《鲁迅自选集》满街飞，其他都不见了。

十多年前，良友图书公司的画报、杂志、专著，内容印刷都很考究；而今良友的书也都散落无余，要到地摊上去搜索了。今日的上海棋盘街，又经过了一阵台风，打得七零八落，商务、中华告退，而新华、三联抬头，于是昔日风行一时的名著，也论斤论担在拍卖了！梁启超、胡适的时代，也就这么过去了。

一部书的命运，真比一个人的命运还更离奇呢！

书的命运

水、火、虫和刀兵，为书籍的四大厄运，董卓的兵进了长安，就把皇宫的卷轴，当腰带缠，当垫子摊；苏联的兵，进了长春，也把清宫的书籍，当作引火的柴草。自古迄今，经过一次战争，书籍就碰上一次大劫，不在话下。六国典籍，到了秦宫，给项羽一把火烧得干干净净，也是一次最有名的火劫。明末清初，钱氏（钱谦益）绛云楼藏书，天下知名，也是葬送在一把火之中的。宁波范氏天一阁藏书，就是担忧到火警的，所以那八十间房子，全系砖石砌成，没有一根木头的。却又怕水潮霉湿，砖下放了木炭，吸尽水气。乾隆建阁藏书，就采用这一体制。范氏又怕后世子孙盗卖藏书，分二十四房管理，一房一锁；哪知后代败类就勾通了匪徒，挖壁偷书，到了民国初年，好一点的版本都已失去了。

古人以书籍传家，认为比良田美产好得多；可是，子孙不贤，偷了宋本《孟子》换糖吃，也和卖屋换雀相差不远。（绛云楼有几部宋本书，都是故纸店找来的。）清末有一位理学名师朱一新（浙江义乌人，曾在广州广雅书院做过山长），所有藏书，两子分家，每一种书切成一半；有上无下，有下无上，大家都看不成。到了孙子手里，论担出卖，片页不存。书家子弟，也不见得怎样高明。

鲁迅翻译了果戈理的《死魂灵》，译笔、印刷与装订均精，相得益彰，孟十还居然在上海的旧书店中看到了那部有名的《死魂灵一百图》。（据里斯珂夫说，《死魂灵》有名的插图共有三种，而最正确和完备的是阿庚的百图。）这插图，就算是在苏俄，也只能在图书馆中相遇，何况在中国？据鲁迅推测，这大约是十月革命之际，俄国人带了逃出国外来的；他该是一个爱好文艺的人，把守了十六年，终于只好拿它来换衣食之资了。

乱世谈书，总是一把鼻涕，一把眼泪，可为痛哭长叹息也！

我在旅行时期，总是带着几本书走的。带些什么书呢？大概是一本诗集，杜甫的或是陆放翁的，一部《老子》或《庄子》，再加上一本《史记》或是《聊斋》之类的。老实说，我的看书，看电影，有如别人抽香烟，只是消闲，教训意味太重的，就受不了。

　　我们在都市住惯了的，老以为印刷技术进了步，出版得很快，买书这件事，一定很容易的。哪知，一离开大城市，就算在东南文物之邦打圈子，也还是什么都买不到的。我上面说的这几部顶简单的书，第二级城市里，已经觅不到了，只能自己带着走的。那些城市中，顶容易买到的，还是昔时贤文，《幼学琼林》《百家姓》《千家诗》之类。江西乐平，也算是交通便利的城市，《百家姓》《千家诗》的销量，仅次于小学教科书，难怪到了福建的浦城，《庄子》也变成外国书了。有一天，一位宪兵问我："《庄子》是一部什么书？"我说："有一首题壁诗，你看过没有？那诗上说：'我有一首诗，天下无人知；有人来问我，连我也不知！'这就是《庄子》。"他想了老半天还是不懂。我说："你不懂也罢！懂就是不懂，不懂就是懂。"

　　旅行中带旧书，还有点便利处；在这个步步荆棘的世界，线装书比较少些麻烦（此时此地，当然又作别论）。一则，有前人替我们做了保镖，不至于有革命的色彩。二则，他们脑子里的反动派，都是近五十年间出来的，旧的总是正统派道理，想不到《老子》《庄子》也曾被前人看作是洪水猛兽的。

因为这样，有几部书，就变成了我的血和肉了；心绪一不好，就抽出来看看读读，过过瘾；古人所谓"不厌百回读"，就是这个意思吧！

从温州的书店里，买到了胡适的《藏晖室札记》（原由亚东出版，后来改由商务出版，称《胡适留学日记》），真是喜出望外。这部书，照理民国十二三年就该出版了，可一直到二十八年才出版，姗姗来迟，大家望穿秋水了。这部书，早十五年前出版的话，至少可以销几万部，到了抗战第二年才出版，不仅一般人的情绪有了变化，运销条件也受了限制。除了温州，我走了那么多的城市，没见过第二次。

如著者自己所说的，这十七卷写的是一个中国青年学生七年中的私人生活、内心生活、思想演变的赤裸裸的历史。他自己记他打牌；记他吸纸烟；记他时时痛责自己吸纸烟，时时戒烟而终于不能戒；记他有一次忽然感情受冲动，几乎变成了一个基督教徒；记他在一个时期里常常发奋要替中国的家庭社会制度做有力的辩护；记他在一个男女同学的大学住了四年而不曾去女生宿舍访过女友；记他爱管闲事，爱参加课外活动，爱观察美国的社会政治制度，到处演说，到处同人辩论；记他的友朋之乐；记他主张文学革命的经过；记他的信仰思想的途径和演变的痕迹。……作为一个五四运动的文化导师，这部札记，引人入胜之处甚多。其中选集了一些漫画，显得他的艺术修养之深。

这部书，就跟着我走了天南地北，许多朋友看了都爱不释手。可是，过了七年，抗战胜利了，商务本出来了，一般青年，由于社会环境的剧变，反应得非常淡漠，这种倒变成中年人爱看的书了。据商务中人告诉我：这种书，只销了二千部；比我们所预想的，不及二十分之一了。

《胡适文存》一集是权威的书，《胡适文选》是销行的书，《藏晖室札记》，变成了落寞的书，那是始料所不及的。

买书

　　最近，接到一封家信，信中有一番苦口婆心劝我莫再买书的话。她说："南方既非我们久居之地，搬起家来，书籍最是粘手，舍又不得，不舍又累赘；还是少买一些书吧！"回想起来，买书成癖，有时也真好笑；有一回，我买了一部官堆纸局本《两汉书》，花掉了半个月伙食费，拿了书以后，却又偷偷摸摸地几乎不敢抱回家中去，那时的心境，连我自己也想不清楚。大概戒赌、戒烟的朋友，也该有同样的心境吧！这几个月，我自己警诫自己，商务、中华都是"害人精"，最好过门而不入；可是走过大道中，接近了那一段，总有些使人恋恋不舍似的。幸而上海不时有书寄来，买书的狂热欲望，可以从邮局取书那一刻获得满足。

我的买书，有些小小的怪癖：甲，书面上要人题签的不买；乙，开头排列许多名人序文的不买；丙，标明为"必读书"的不买；丁，装上花里斑斓封面的不买。这些不成文法，连我自己也搅不十分清楚。好似我的第八觉，透过那书本，嗅得出那本书的气味的。任凭你说得天花乱坠，还逃不出我的双眼。有一回，在真如车站等车，从南新书店买到了房龙的《人类的故事》，这部书，一直就从真如看到了上海北站，又从北站看到了家中，从黄昏看到了天明，看完了才睡觉。这是我认识房龙之始，一直便成为这位自由主义者的信徒！这件小事，对于我的一生，影响非常之大；本来我立志要做康德，后来一变而有志于成为房龙了！

从商务印书馆廉价部，买到了福利德尔（E. Friedell）的《现代文化史》，在我也是一件大事。那书前页上，题着如次的话："假如有任何人奇怪，为什么在许多历史家已经写过以后，我仍浮起了再写一次的观念，请他先把以前所写的全看一遍然后再看我的；如此而仍要奇怪，那就是他的自由了。"（F. Arricnos）这样，这部书，就成为我手头最好的朋友了。一部书，也和一位领袖，一个英雄，一个名人，或是一个美人一般要征服我是不十分容易的；必须我心甘情愿，爱好了它，这才可以抓住了我呢！

　　积数十年之经验，对于买书成熟了一直觉的观念：一部好书，必定是朴素的；有如浣纱溪上的西子，布裙荆钗，毫无脂粉气的！

卖书

　　经过了"一·二八""八一三"两次惨痛的"书劫",便指天为誓,不再买书了;而架子上的书本,又从誓语中偷偷地溜了进来。其间,只有一些小变化:从前见有所爱好的必买,后来缩小视野,只买文史部分的书,而以史学专著为主。可是书架逐渐增加,斗室逐渐缩小,又被封锁在书城之中了。上海解放前后,发下天大宏愿,要出卖旧书了;就像出卖儿女那样下了决心。首先想把灶披间那几架旧杂志开刀再说;一看那整份整份的是《世界知识》《中学生》、《国文》月刊、《观察》周刊、《文摘》《时与潮》《新中华》……理得齐齐整整的,怎么舍得出卖呢！好了，总算把一些不相干的定期刊物清理出来，连着一捆剪报的材料，可以交代了。书架上的书，它们鼓着眼珠看我，等我分出哪些是亲生骨肉，哪些是干儿子，狠心到什么程度。花了三五天时间，总算理出五大捆来；那时把心一横，卖掉也就算了。

有一天，经过卡德路旧书店，"高价收买旧书"的大字，引诱我去找那胖胖凸着肚子的老板。第二天下午，他果然到我们家中来了，肩上背着一把大秤子，我才知道他所说的高价，是论斤秤卖的。当时他抛出高价是人民币二千元一斤（合港币四角）。这样，那几捆旧书，又搁在角上发霉了。几乎一家人，从老到小，为了出卖旧书而动员；进进出出，先后来了几十个收烂东西的，出的价钱，比旧报纸还低些。他们的理论是这样："包起花生米、油氽黄豆来，三十二开本的书页实在太小，杂货店老板都不欢迎的。"从经济观点说，他们是不错的。不管严复译著有多少价值，万有文库本的严译丛书，还卖不到一千五百元一斤呢！

呜呼！买书难，卖书更难。倒还是那一捆剔除出来的旧杂志，开页比较大，向杂货店调换得一些草纸、肥皂、火柴来。这个动乱的世界，最好是心如枯木，百念不生；否则，爱书成癖，也就成为丢不掉的大包袱了。前几天，在叶灵凤兄家

中看见了那么几房子的书，羡慕不止；转念一想，我又如阿 Q
似的，获得了精神上的胜利，无书岂不是更轻快些吗？这个世
代，什么事都只有"今日"，没有"明天"的，什么理想，什
么计划都是空的；连我这样的人，都不得不"今朝有酒今朝
醉"了，世运之趋向，盖可知矣！

丁超五的书

前天有人说到了丁超五先生，我忽记起了我的书架上，有过一本丁超五的书；不是他所著的，而是属于他的书。那本书，是萧一山先生的《清代通史》中册（商务版）。一九四一年秋间，福州克复的第二天，我随军向那儿推进，从地摊上买来的，花了三元法币。这本书上，至少印了三十多颗邵武丁超五的图章，长方的，方的，圆的，椭圆的，正楷的，篆体的都有，图章既不高明，印泥也很坏。我总想不明白，在这样一部平常的书上面，为什么要印这么多的印子？印了这么多的印子，结果还是流落到我的书架上来；这个动乱的世代，身外之物，迁变无常，连自己都不知明年又在何处？更何有于书？丁先生似乎太执着了吧？有一回，丁先生到了赣州，我本来想送还给他，使物能归原主，恰好我在大学先修班讲近代中国史，得用这书作参考，也就不慷慨奉还了。

这些小节目上，每每流露着各人的性格。有的爱买书，保护得很周全，不要说勤于拂拭，不使染尘灰，也吝于借给别人。有的爱拖别人的书，一借便不还，张三李四的书，拖了一大堆，他自己也弄不清，别人来讨债了，他就要皱眉头，怪那位主人不大量。有的爱收藏珍本，"百宋""千元"，成为收藏家；收藏家既讲究版本，又讲究图章，讲究印泥，可是每本书上，只打上一处二处印子便够了，并不像丁先生那么滥而不精的。我和丁先生正相反，把藏书印子搁在抽屉里，懒得去用它；偶尔买了新书，随便签个名，免得和别人的混在一堆也就算了。生平也积过三次书，都在二万册以上；第一回，毁于"一·二八"战役，第二回毁于浙东战役。现在看得很穿了，聚散本无常，缘尽即散，决不留恋。上海解放以后，索性把八部比较名贵的本子，随手送人，免得多所牵挂。——书籍有如子女，封建社会，以多子为福；到了工业社会，大家都在节育，反有"无子一身轻"的念头呢。

书呆子

王了一先生有一篇写"书呆子"的好文字，我见猎心喜，也来谈他一下。不久以前，一位朋友，他是第一次看《儒林外史》，这一看，那可不得了，满眼都是书呆子。谁是权勿用，谁是马二先生，谁是周进，边说边笑；只有他自己不是，因为他不是书呆子。吴敬梓是照了镜，连他自己也写进去的，就是杜少卿夫妇，也是雅中带酸的。

王先生说，普通总把喜欢念书而又不懂人情世故的人，叫作书呆子。他说："在这广泛的定义之下，书呆子又可分为许多种类，甚至于有性质恰恰相反的。据我所知，有不治家人生产的书呆子，同时也有视财如命的书呆子；有不近女色的书呆子，同时也有'沙蒂主义'的书呆子。"《儒林外史》把书呆子写成三类：一类是头巾气的书呆子，马二先生、匡超人都属于这一类；一类则是慕风雅的书呆子，牛布衣、权勿用那一串朋友都是；这两类都是吴敬梓所看不起的。在那个时代，这二类都是在功名圈子里打斤斗的，那几位吟风弄月的雅士，也是恋恋于后世之名，和科举中人争一日之长的。吴敬梓所敬佩的，乃是视富贵如浮云、高尚其志的人，他写了许多典型的隐士，而且是正义感极强的人。

我们就看杜少卿的一生，他这位大少爷、大好老是要一个人独自来做的；这一点，连他的兄弟杜慎卿也看得很清楚了。他那份财产，就是那么一顶炭篓子接上一顶炭篓子送光了的，最后，那位仆人看准了没有油水，也就放开牛，逃之夭夭了！他的真挚处，就在他能够一笑置之。杜少卿的最可爱处，还在他把书读通了，能够翻出孔夫子的神庙，自己有个见解了。他和其他书呆子不同之处，他只是不懂人情世故，对于"书"却是贯通了，比那些捧高头讲章句的腐儒高了一招了。

王了一先生说到书呆子的自得其乐颇为有趣。他说："依我们看来，'呆'的意义范围尽可以看得更大些。凡是喜欢读书做文章，而不肯牺牲了自己的兴趣，和自己认为有意义的事业，去博取安富尊荣者，都可认为书呆子。依着这样说法，世间的书呆子似乎不少；但若仔细观察，却又不像始料的那样多。世间只有极少数人能像教徒殉道一般地殉呆，至死而不变，强哉矫。这种人可以称为'呆之圣者也'。又有颇少数的人，为饥寒所迫，不能不稍稍牺牲他们的兴趣，然而大体上还不至于失了平日的操守。这种人可以称为'呆之贤者也'。我们对于前者，固然愿意买丝绣之；对于后者，也并不忍苛责。波特莱尔的诗有云：'饥肠辘辘佯为饱，热泪汪汪强作欢。沿户违心歌下里，媚人无奈博三餐。'我们将为此种人痛哭之不暇，还能忍心苛责他们吗？"

照吴敬梓的写诗，开头的王冕和结尾的荆元，才是呆之圣者也。至于杨执中夫妇，除夕晚上，既无柴，又无米，两老相对，点了一支蜡烛，把那只心爱的香炉摩弄了一夜，就过了年，也算得"呆之贤者也"了。我们朋友之中书呆子这一型人物，并不算少；谁是圣？谁是贤？也还得写到《儒林新史》中再说。今日的问题，还在生活实在太困难了。"沿户违心歌下里"，媚人还不足以博三餐，那就不知怎么待下去才是了。莫罗亚说到那位希腊的哲人，他独身住在木桶子里，还可以傲王侯而轻视富贵的，假如带了三四个儿女住在今日的大都市中，难乎其为"呆之仙"了。我们这一群人，都是带着住调景岭的命运到海外来的，比莫罗亚所提出的问题更不容易作答案了。吴敬梓在三百年前，看到了书呆子的末运；而替书呆子作最真实的写照，则是鲁迅的《孔乙己》，孔乙己虽说君子固穷，结果还是打折了脚以致饿死的呢。

今天看了藏园的《偷书贼的故事》，也觉得很有趣。那位英国散文家吉生，有一次衣袋里有六便士，想买一本海涅的《台布拉斯》，又想买些东西来充饥，迟疑不决，在书铺门前巡来巡去，最后才下了决心进去把书买了，回到家里，一面啃黑面包干，喝冷水，一面看书，真是呆之圣者也！就是那位为了抢买海内孤本上断头台去的唐云仙，不叹惜自己的死亡，却惋惜他所拼着命去争的书，并非海内孤本，也算得呆之贤者也！我们中国的书呆子，本来有两句自己骗自己的话，叫作"书中自有黄金屋，书中自有颜如玉"。不过，书本的确是我们的"曼侬帕"（心灵的天堂），赏心乐事太多，尽有足够使我流连忘返的！前几天，我买了梅兰芳的《舞台生活四十年》，差不多使我整整两晚睡晚觉，连四更天都恍恍惚惚混过去了，弄得那两天六神不安。偏是隔邻的程先生，他就半夜里来拿了去；他嘴里是说："明天我有四堂课，今晚翻一翻就算了！"一翻也就看到四更天，第二天早晨，一见面，就说："你害人不浅！你害人不浅！"叫我不知怎么说才是！昨天，还有一位小书呆子打电话给我，说："那天，从你那儿拿去的那些书，看不完怎么办？"书，真是我们的爱人，实在舍不得抛开的！

王了一先生从抗战的实际生活，叹息时势艰难，做书呆子实在不容易了。若是王先生今日投荒海外，不在中南区做行政委员，怕是他的叹息，比往日更为深长吧！我们所以不能永远安贫乐道下去，儿啼女哭，开门七件事的压力实在太重了，那是不待说了。杨执中虽可以和老妻摩摩香炉过日子，他那儿子，就非盛一碗白饭，泡点鸡汤吃饱来不可了。王先生说："若真要做一世的书呆子，而不中途失节，古井兴波，至少须得找一个女书呆子来做太太。"时至今日，小杨要向杨执中清算一番，他们那只香炉能否保留下去，那就成大问题呢！

内山书店

内山完造，成为我们的朋友，那是很久以前的事了。

他曾写过一本《一个日本人的中国观》（开明译本），对于中国的社会文化，尤其对于人情味，颇能体会。他是一个和蔼可亲的人，他那内山书店，尤其使我们留恋不忍去。他那书店中，人手很少，顾客随手翻书，甚至整天坐在那儿看，他也不厌恶的。这和我们进了中华书局的店堂，就有小伙计在后面盯梢那样恶劣的市侩作风，实在相差得太远了。有没有人偷书呢？有的，我的一位朋友，就偷过内山书店的一本辞典。内山也明知道有人偷书的，但是他对我说："爱偷书的人，他一有了钱，一定爱买书的。现在被偷，就等于放了账。"他又说："多用几个职员来看顾书架，不仅使人印象不佳；而且书被偷的损失，也不见得比多用职员更花钱些。"他真是通达人情的人。

他的书店，很快成为我们这一群朋友打尖的好去处；他总是煮茶招待我们，有时也备一点儿点心。有些熟人，也在那儿可以碰到。那时候，有些成了问题的朋友，就在那儿作通信地点。鲁迅和郭沫若两人，生前没见过面，但他们都是内山的朋友。一个书店的老板，像他那样，才算少一分市侩气；倒因为这样，他的书业比其他书店还发达些。我在商务、内山都是有欠账的折子的，商务是满了三百元，便前账未清，免开尊口的；内山书店是逢季必有账单，可是，旧欠未清，新欠还是照样挂起来。这么一来，在我倒反多买了一些书了。

在那一时期，正当中日的关系恶化之际，而我是属于抗日分子的特种人物的，和一个日本人往来，本来不十分适宜的。但是，我们都担心得很，觉得和内山做朋友，在内山书店进出，并无足以疚心之处，也从来没有人以为我们是亲日的。

有一回，鲁迅先生问他："老板，孔老夫子如果此刻还活着的话，那么他是亲日呢，还是排日呢？"内山说："大概有时亲日，有时排日吧。"于是鲁迅先生就哈哈大笑起来了。

内山完造的《忆鲁迅先生》中，曾说起了一件有趣味的故事。有一回，周先生曾在商务印书馆的西书部预订了一本德文书。某一日，来了通知，说是预定的书籍已来，可以带四块五角钱去领取。他以为那大概是运费，加上书钱，总要五六十元。他就准备了这些钱去领取。伙计把预订的书拿出来了，要他付四块五角钱。他问这是什么钱？他说："这就是书钱。"于是周先生就对他说："没有那样的事情，这书无论如何也要四十多块钱，请你再细查一番。"但那伙计还是说："不，四块五角就够了。"他又对他说："这的确不对，这是四十马克的书籍，我想中国钱无论如何也要四五十元左右，所以还是请你查查看。"但那位伙计先生却说："麻烦透了！你可以不必那么啰唆，你如果要，就付四块五角钱拿去，如果不要，那你就回去吧！"事情到了这步田地，他就付了四块五角钱，把它拿回来了。商务印书馆当然亏了本了。

这便是上海书业的写照。所谓科学管理的商务印书馆，便是如此。当然较之官办的正中书局高明一点，但比之内山书店，只不过较正中少了一些官僚腔而已，伙计的敷衍了事，大抵如斯。内山书店的成功，就在于老板与伙计打成一片，而书店与读者的合作，双方彼此信任，更是事业发展的重要因素。

抗战胜利以后，我回到了上海，依旧在北四川路底找到内山老板，闲谈了好几回；后来，他搬到了乍浦路集中管理区去，又见了几回面。他还是把他的书店当作事业来经营的。现在，他在日本；他的思想，还是一个彻底的自由主义者，加上他那日本人的气氛就是了。他的内山书店，一部分给王造时先生的前方书店接收了，尽管王先生是我们的熟人，书店的生意也还不错。但书店是书店，顾客是顾客，老板是老板，伙计是伙计，内山书店那份温暖的空气已经消失掉了。

鲁迅先生晚年印了几种精本的书，如《死魂灵一百图》《海上述林》《铁流》《毁灭》，都是内山书店代为发行的，内容形式都很不错。内山完造，可说是懂得文化的书商呢！

蠹话甲录

《近代的恋爱观》

　　二十五年前，日本有一本最销行的书《近代的恋爱观》，作者厨川白村，一个自由主义思想家，他的小品，隽永深切，风行一时。这些论恋爱的文字，曾在报纸上连载，后来集成一卷，一年半中便销九十八版。他把从这本书所得的版税，在镰仓造了一所别墅，题名恋爱馆（日语中，"观""馆"同音）。日本东京大地震时，这所恋爱馆也倒塌了；这位大思想家，就在这房子中压死的，这也是一件有关联的大事。中文译本，系夏丏尊师手笔，开明书店出版，也是很销行的书。

　　厨川白村为什么写这些短论呢？他说："因为一方不满于

只喋喋谈性欲的一代的恶风潮，一方又感到把恋爱作劣情或游戏观的迷妄，事实上至今还未脱离人心，愤激了于是执笔的。盖只谈性欲与把恋爱视作劣情，一见虽似全然背驰的思想，而于错解恋爱在人生的意义的一点上，或于阻碍行驶于时运之流的生活的进展上，两方的结果，全是相等的。"译者夏先生也说："一方只喋喋于性欲，一方把恋爱视作劣情游戏，这二语竟可移赠中国，作中国关于这部分的现状的诊断。近年以来，青年对于浅薄的性书，趋之若鹜，肉的气焰大张，而骨子里对于两性间仍脱不了浮薄的游戏态度，至于顽固守旧者的鄙视恋爱的执迷，不消说亦依然如故。"这一番话，我们在此时此地来说，也还是十分恰当的。（厨川氏他确信这本书多少可有益于世道人心，对于新生活的建设，多少可有些贡献的。）

诗圣勃郎宁（Browning）他有一首题为《废墟的恋爱》的名诗："黄金的战车，百万的大军，现在影也不留，所剩的不只是废墟吗？可是，男与女的恋爱中，有着古今不变的永远性与恒久性，虽隔千载犹不消灭的是两性间的恋爱。从几世纪间的无谓纷扰，无益挣扎而来的胜利、光荣、黄金以及一切，皆可葬送，唯有恋爱是至上的（Love is best）。""永久的都城不是罗马，是恋爱。"

夏丏尊先生译介《近代的恋爱观》到中国来那一时期，上海正给《性史》的罡风所笼罩；本来张竞生先生的动机并不怎样坏，而且他的私生活也并不浪漫糊涂；至于他的主张，见之于《美的人生观》的，不独言之成理，而且卓然自成一家言，他所提倡的，乃是唯美主义，和希腊人的观点相接近，也可说是希腊主义的再生，颇接近邓肯女士的人生哲学。可是，一进入上海色情文化的圈子，《性史》这一类书，立刻和最下流的色情书本合流，继《性史》而来的色情书，托之于张博士的姓名的，每况愈下，简直不成东西。可是流行得很广，成为社会文化的灾殃了。

厨川这部书，恰好是对症下药，一面对这色情狂流当头棒喝，喝破了迷梦，一面也对禁欲的空气吹过了一阵温暖的春风，让大家从理学圈子中解放出来。本来在宋明理学的潮流中，士大夫阶级造成了虚伪的空气，虚伪到不近人情的程度；有的因为居丧三年期中，养了小孩子，便为儒林所不齿。有的自己的女儿守寡了，眼见她去上吊殉夫以为成大节而不救。明代戏曲家汤若士便已对着这严肃的清教徒式的理学作正面抗议，别人说他的才情，可以成为理学名家。他说："诸公所谈者理，我所谈者是情。"他的《牡丹亭》，开头借春香闹学，以陈最良代表理学先生，借《关雎》"窈窕淑女，君子好逑"那两句诗，调侃理学先生一番，来说明儒家本乎人情的人生正路；他就明明白白说："理之所必无，焉知不是情之所必有？"《牡丹亭》一书，正是"精诚所至，金石为开"那句成语的注解。

那一时期，周启明先生也把蔼里斯的思想介绍过来，仿佛替厨川的恋爱观作注解；现代变态心理学家，从"性欲"压制的畸形发展，甚至成为精神病狂者（疯子），发现了禁欲空气所造成的人生悲剧。"发乎情，止乎礼义"，"导欲"这条路，倒是合乎心理常态的。现代文艺家所走的既不是色情狂的路，也不是禁欲说教的路，而是精神分析的路；厨川白村对日本的传统文化作针砭，移译到中国，也恰好对中国的文化传统有批判了。

笔者在前词中提到的那位叶德辉先生，他是"翼教"的圣人之徒，但他正是《素女经》的翻印介绍者，一面是圣人，一面是虐淫之徒，合成为中国的士大夫，他们实际上在嫖妓，而反对男女恋爱的，也就是厨川白村所剥露的日本绅士一般人格那么破裂的呢！

厨川白村这部书，先后分三部分，《近代的恋爱观》是主体，《再说恋爱》和《三就了恋爱说》，那是引申开去的。

据爱弥加·路加的名著《恋爱的三阶段》：两性关系是和文化的发达一样，自古至今，经了三个阶段。第一是只为性的本能所动的肉欲的时代。这属于古代。无论经了多少时代，对于两性关系，不能认识其超越性欲与生殖的意义的，要之还是迷滞在这阶段的人们。第二是恋爱观和基督教的禁欲主义相结合的中世期。那时认为女性有超越人性的神格，结果就变成对圣母玛利亚的崇拜。于是，一向被认为罪孽之魁的女性，遂一跃而为君临男子的女王或女神了。灵的恋爱观于是带了浓厚的宗教色彩，成了所谓"敏耐"（Minnesingers）的浪漫的恋爱观，在欧洲文艺思潮上，加入无上的华丽的色彩。（可是，中世的爱的宗教，别的半面，却复具有可惊的肉欲耽溺的生活。认灵的女性为救的女神，同时，又认肉的女性为恶魔之手。像怀格耐在《端诃伊赛》所写的彷徨于灵肉二元的生活间而苦闷的，就是中世人。）继续古代的肉的本能时代与中世的灵的宗教的女性崇拜时代而起的，当然是灵肉合一的一元的恋爱观时代，这就是近代。

这属于路加所谓第三阶段的十九世纪以后，根于近代女性的自觉的个人主义的思想，一方面破坏了旧时的恋爱观，一方面就生了新的恋爱观。以为无论男或女，单独的总是不完全的东西，两性互有补足作用，两个人彼此相牵相承，互更新其自己，使自己完全充实者就是恋爱。

在厨川的《近代的恋爱观》中，有一节题为《娜拉已经旧了》的子目，关于结婚与恋爱的问题，谁都会感到的，是自我觉醒了的近代人的个人主义思想与恋爱的关系。恋爱全是为对手而贡献身心的自己牺牲的精神；反之，个人主义，乃极端地主张自己肯定自己，相依了自己欲求而自由行动的思想。由结婚成立的家庭生活，和觉醒的新人的自我的要求，曾反复过几多次的悲惨的冲突。这便是易卜生笔下的娜拉。

但是，这种见解已经过去了，二十世纪的我们，已发现了更深一层的自我肯定恋爱，并发现以恋爱为基础的结婚生活了。

《性心理学》

　　蔼理士（Ellis）的《性心理学》，是一部了不得的重要的好书。在中国，替这部书做翻译的潘光旦先生，是这一学科的专家，蔼理士的私淑弟子。（商务印书馆本，复旦大学文摘社也有节译本。）

　　诚如蔼理士所说的，"性的题目，就精神生活与社会生活的种种方面看来，毕竟是一个中心的题目；到了今日，它的重要性也多少已经为一般人所公认，甚至于过分地受人重视。"潘先生也特别在这一段下来了一段小注，说："作者这句话是有些皮里阳秋的。在西洋，像在中国一样，很有些人在性的题目上大吹大擂，而借此赚钱的。这些当然是对着借了科学艺术的招牌而大讲其所谓‘性学’的伪君子说的，至于专写海淫文字的真小人，那就很容易认识，无须特别提出了。"这段话，是指张竞生说的，潘氏在译者自序中说得更明白些。"在有一个时候，有一位以‘性学家’自居的人，一面发挥他自己的性的学说，一面却利用蔼氏做幌子，一面口口声声宣传要翻译蔼氏的六七大本研究录，一面却编印不知从何处张罗来的若干个人的性经验，究属是否真实，谁也不得而知。"他看了实在气恼了，曾经公开驳斥过一回的。

性心理学是当代很能唤起一般人注意与兴趣的学问，这在二十世纪以前，可以说是梦想不到的。今日的青年男子，对于性的作品，或文献，往往知道得很多，说来头头是道，而青年女子对这个题目，也是富有探讨的精神，不再表示那种回避与忌讳的态度，这在她的老祖母看来，可以说是绝对亵渎神明的一回事。蔼氏所说的，是欧美的情形，在我们中国也是如此。

把这个问题，进入科学的研究，乃是二十世纪学术上一大进步。一方面，也可以说这一扇大门，也是医学专家所开出来的。德国著名妇科专家希尔虚（Max Hirsch）说："性的科学，和医科的别的学问不一样，就是它的范围很难确定，它的边疆是没有一定的界石的。从它的中心射出了许多光芒来，光芒所达到的，不只是一切医科的部门，它实在和全部的人类文化有连带的关系；顺着光芒走，我们可以接触到许多传统的思想和习惯；道德和宗教也可以影响到它。这是不足为奇的。"

性的科学，当然是医学的一部分，也等于一门"人类的自然历史"。

蔼理士关于性心理学的研究，起始已有了六大册，到一九二八年，又增辑了第七册。其后还有几种书，如《社会卫生的任务》《男与女》，都是和性的问题有直接关系的。最后才出版了这一本《性心理学》。蔼氏对于这一专门研究，非常自负。他的研究录第六辑，第一句就引了一位诗人的话："天生了我，要我做的工作，现在是完成了。"

蔼氏写这本书时，已经是一个七十岁高龄的人了；学成名就，不但在性心理学上是一个最大的权威，在人生哲学与文艺批评的范围以内，也有很大的贡献。美国批评家孟根甚至于称他为"最文明的英国人"呢！（蔼氏已于一九四〇年逝世。）

蔼氏在这本《性心理学》的结论上，说："人生以及一般动物的两大基本冲动是食与性，或食与色，或饮食与男女，或饥饿与恋爱。它们是生命的两大动力泉源，并且是最初元的泉源；在人类以下的动物界中，以至于生物界中生命的全部机构之所由成全，固然要推溯到它们身上，而到了人类，一切最复杂的文物制度之所由形成，我们如果追寻原要，也得归宿到它们身上。"

我们应该明白"圣人"这样的超人式的人是不存在的。无论一个人先天的体质如何健康，他在一生之中，多少不免经历到一些性生活的困难或病态；他在生命的过程里，一面要应付内在的生理上的变迁，一面要适应外界的境遇上的变迁，而于内外两种变迁之间，又不得不随便谋一种协调与和谐的关系；一有疏虞，性心理的病态，即乘机窃发，而此种疏虞，既无法完全避免，病态也就不能绝对不发生了。性冲动是一股力量，在某种程度以内，并且可以说是一股无可限量的力量，一个寻常甚至于一个超出寻常的人要不断地挣扎着来控制驾驭这股力量，本来就不容易；加上驾驭的人与被驾驭的力又都在不断地变动，其间危难的发生与不可避免，当然更是意料中的事了。

假使把《性心理学》这样一本书放在一位少女的桌上，或是枕边，适当不适当呢？我说，并没有什么不适当的。因为青年男女刚巧受道学的禁欲空气与色情文学的纵欲狂的夹击，蔼氏的书刚好补偏救弊，扶起健康的性心理来。丁瓒女士（她是中国性心理学专家）在某一回讲演中说："一个心理卫生的机关的设置，使人们在人与人的关系的失调一问题上，得到科学的了解与指导，这在现代社会中，是非常需要的。"

蔼氏这部大书，分六个大纲目：首先谈到性的生物学，这种知识，先前是不能进入教言去的；最近，二十年间，才在生理卫生中，解放了性禁忌，有着生理解剖的详细说明。其次说到青年期的性冲动，触及若干变态心理，如自动态、白日梦及影恋等现象。又次论及性的歧变与性爱的象征，这便是心理变态化装演出的形相。又次，说及同性恋爱，触及青年男女的变态行为。最后论及婚姻及恋爱的艺术，而以性冲动的动性与异化作用作结。

我们应该明白变态心理并不是一种特殊的现象；你我自己反省一下，也多少带性心理的变态；神经病院的大门，并不是专门为疯子们开着，你我也有进去治疗一下的必要。现代小说、戏曲、电影，着眼在这一方面的分析，已经很多；而变态心理的治疗，也早成为若干剧本的课题了。

对于"变态"二字，我们不必过度重视，也不可漠然不问。蔼氏说："经过一番讨论之后，可知我们对于性心理有变态的病者，可以无须过于悲观，更不应看作逸出了医学范围之外。悲观或不闻不问的态度，总是一个错误。"

"同时，我们还有一点应当注意到，病人的道德环境固然不应漠视，我们却也不应陷入反面的错误，就是把道德环境看作一成不变，动摇不得。道德标准是不断在变迁的。今日所认为合乎道德的诸多东西，在五十年前是很不合乎道德，只可以暗中进行，而不许公开的。"

诚如丁瓒女士所说的：男女之间的心理适应，在现代中国社会中，还是一个严重的问题。因为家的组织，在目前依然是一个重要的社会单位。它是情绪生活的堡垒，训练人们情绪态度的重要机构；而男女之间的心理适应，又决定了家庭间的情绪环境呢！

《文明与野蛮》

最近，我看了许多批判胡适博士的文字，说明白来，也就是对于实验主义的批判；那就可以说，我们这一辈朋友，多少都受过他的思想的影响，正如我们（连胡博士也在内）都受了梁启超先生的影响一般。（我个人所受现代中国思想家的影响，以孙中山先生为最少，他的知难行易说和三民主义，一直不曾和我的主张发生关涉。）可是，对我的思想影响最大的，却不是这些思想家。第一个，倒是无意之中发现的，正是那位写《人类的故事》的房龙（本来是荷兰人，后来入美国籍），其次，便是法国的莫罗亚，又次则是英国的罗素，又次则是洛伯特·路威（Robert Lowie，他本来是奥国人，后来迁居美国），还有三位日本人，小泉八云（本来是英国人，后来寄籍日本）、厨川白村和鹤见祐辅，也给我许多思想上的线索。回头一看，又似乎是一贯的，都是近于法国百科全书派的理性主义者，或者就称之为新理性主义也不妨的。（究竟我的思想体系是怎么一种路线？那只好让大家去揣测了。）

我最早读到的路威的著作，便是《文明与野蛮》，友人吕叔湘兄所翻译的（生活书店本）。这本书的原名是 *Are We Civilized？——Human Culture in Perspective*，原意是说《我们算得文明了吗？——人类文化全面观》。他是人类学家，从人类学的观点，来了解人类文化的进度的。他自己在序文中说："在这本谈人类文明的书里，我尽力求正确而又另解。除地质学上的 Pleistocene（最新纪）一字无他字可代，只能照用外，我想专门术语可说是完全没有了。"当然，对于一般读者还是有若干比较专门的名词的，可已算得最通俗、最明畅、最没有偏见（种族、国家、政治一切偏见）的著作了。

这本书，从吃饭穿衣说到弹琴写字，从中亚土人一分钟捉八九十个虱子说到法国之王坐在马桶上见客，从马赛伊人拿太太敬客说到巴黎医院里活人和死人睡一床，可说上下古今，无一不谈，而又无谈不妙。他决不板起面孔来教训，也不引经据典来辩论，他只罗列逸趣横生然而确凿无疑的事实来给你看，叫你自然心悦诚服的。周启明先生爱说到颜之推的家训，有此渊博而无此通达；我也爱读吴稚晖先生的《上下古今谈》，却又无此渊博；读了这一本书，还会盲从世说，其人必不可改造的了！

二十世纪一进入了第六个十年，世界似乎有了很有趣的转变，欧美人士渐渐觉得诺迭克人并不怎样高贵的了！这在人类学家路威眼中，早已不是什么高贵的种族了！

在世界文明史上，欧洲人本来是后起之秀；这三百年来所慢慢累积起来的种族优秀的心理，在我们东方人看来，本来是十分可笑的，用阿Q的说法，我们祖宗，着实比他们阔得多，那些日耳曼人还在树林里过日子的年代，我们的长安、洛阳、扬州早就和巴黎那样成为世界的花之都了。（巴黎建都了二千年，今年二千周年纪念，比之我们的古都，还是迟了二千年的小弟弟呢！）

这位人类学家路威，他就通达得多了。他曾随手抓来一张菜单，上开：番茄汤、炸牛仔带、煎洋芋、四季豆、什锦面包（麦玉米、裸麦）、凉拌菠萝蜜、白米布丁、咖啡、茶、可可、牛奶，这些通常吃得到的东西，可是，这一张菜单的食品，有四分之三，就是欧洲人四百年前的老祖宗所没听见过的。在哥伦布没出世以前，马德里或巴黎的大厨子也没有番茄、四季豆、白薯（洋芋）、玉米、菠萝蜜可用的。一五〇〇年代，欧洲没有一个人知道什么叫作可可，什么叫作茶，什么叫作咖啡。第六世纪以前，中国人已开始喝茶，可是欧洲人却到了一五六〇年左右才听到茶的名字，再过五十年，荷兰人才把茶叶传进欧洲去。一六五〇年左右，英国人才开始喝茶，再过十年，培匹斯（Pepys）才在他有名的日记上记下了他的新经验。可是好久好久，只有上等社会才喝得起茶。从十五先令到五十先令一磅的茶叶，有多少人买得起？到了一七一二年，顶好的茶叶，还要卖十八先令一磅呢！（可可、咖啡的故事也一样有趣。）

这张菜单的食品，白米的老家也该在印度，带进欧洲是阿拉伯人的功劳。除掉了从美洲去的番茄、白薯、豆子、玉米面包、菠萝蜜、可可，非洲的咖啡，中国去的茶叶，印度去的白米和蔗糖，欧洲人的一餐还剩些什么？牛肉、小麦、裸麦、牛奶。这里面，裸麦也在耶稣出世那时候才传到欧洲。其余的要算是很早便有了的，可也不是欧洲的土产，全部得上近东一带去找老家，讲到起源，西部欧洲是一样也说不上。

这样分析的结果似乎很不给欧洲人面子，可是世界文明，欧洲人本来是小弟弟呢！

《坦克的故事》

　　昨晚，躺在屋顶乘凉，手中拿着《坦克的故事》；一位朋友，猝然道："你又在看这本书了！"照他的神情，好似我是老看这本书的，我自己回想一下，真的看这本书的次数不算少了。这件故事，使我觉得人类意念境界的奇妙，既聪明又愚蠢，既好奇又守旧；对于我，真太富启示的意味了。

　　"坦克"（Tank，水柜之意，在当时用以掩护军事的本意）原是英国人所发明，在英国成长，第一次大战后期，帮着英法联军取得了胜利。然而，大战一结束，"坦克"的战略价值就为英国人所忘却，连以陆军强势著称的法国，也忘记了它的作用。希特勒，这位西线上的小兵，就接受了西线失败的教训，把"坦克""飞机"作为他的战略中心概念，于是德国人就从失败中找到了胜利，英法人却正被自己所发明的坦克所打败。等到英国的福勒、法国的戴高乐，他们两人所贡献的机械化战略重新为英法当局所认识，西线战事已经无可挽救了。最有趣的，苏俄人又接过了希特勒的意念，重新用他手中的武器来打倒希特勒的铁拳。人类五十年的命运，就在这几件东西——机关枪、坦克、飞机，再加原子弹所布成的乾坤袋中打斤斗。

许多朋友，欢喜离开事物来瞎谈"唯物""唯心"，其实都是他们隔离了事实，自己脑子里虚构的幻影。"坦克"，那是斯文顿上校意念中产生出来的。他的意念是怎么起来的呢？一部分是他在日俄战争中做战地记者时看见了机关枪的威力所引起的，恰好又在法国前线看见德军战壕中密布的马克沁机枪得到补充；一部分又是中世纪的盔甲（当时的战士，从头顶直到脚底都穿在这种铁盔中作战）给他很有趣的启示。他认为最好是使军队重新穿起盔甲来作战。他的"坦克"意念，又是把"装甲汽车""无限轨道"（美国制造的赫特式的拖曳车上所用的）和"马达"这几种东西结合起来的。要说是唯物的，却产生于他们的意念中，要说是唯心的，却结合于这几种现代工业化的物质条件中。我乃觉得唯心、唯物原是盾的两面，事物就在结合中产生的；坦克的"理"加上重工业所产生的"气"，乃有坦克这一种新事物出来，这就是我所理解的境界。

最有趣的还是产生"坦克"的过程，那位斯文顿上校的建议，和英国国防委员会秘书汉凯的报告，放在军事部长基克涅尔的面前，立刻被丢开了（他说，这是幻想小说中的好材料）。后来海军大将贝康向军事部长做同样的建议，也被搁置了。直到丘吉尔和英军总司令乔弗连次的建议，送过去了，"坦克"才在尝试中产生了。可是，"老嫂嫂"（第一辆坦克叫"小维利"，第二辆叫"老嫂嫂"）在赫菲公园正式施演，差不多合乎军事需要了；丘吉尔他们看得很满意了，那位军事部长还是说："这只是孩子们的玩意儿；而且是多么贵重的东西；它不会给军队带来益处的！"（其他来宾，都一致认为坦克是一种最有价值而强力的作战武器。）

"坦克"诞生于一九一六年一月间，可是，从国防委员会的文卷中，一八九六年，已经有人向当局建议类似"坦克"的战车了。可是，军事当局就有基克涅尔的顽固，批上"离奇荒谬"的字样呢！

坦克车第一次投入战场，那是一九一六年九月的事；它一进战场，便取得胜利（便是有名的索姆河战役）。可是立即黯淡下去，连那给坦克兴奋了的海格将军，也对坦克冷淡。（除了坦克兵团的指挥官艾礼士和他的参谋长符列两人，没有人认识坦克在军事上的真正价值。）直到一九一七年十一月著名的康伯列战役，坦克在被认为无法攻破的齐格菲阵线上显了威力。一天之中，英军在十二公里阔的正面上突入了德军阵地共达十公里之后，齐格菲第一、二两道防线被完全突破，第三道也被突破了一部分；德军八万余被俘，还夺了百多门炮以及大量机枪，英军伤亡只有一千五百人。（在伊伯战区，英军争取同样大小的地面的战斗中，却牺牲了四十五万人之多。）大家才承认坦克攻击的真正成就。

然而，我的心头就有了两个疑问：德军受了索姆河战役的教训，为什么以兴登堡、鲁登道夫那样的军事家，会不认识坦克的军事价值（德军曾俘获英方的坦克百辆之多）？第一次世界大战期间，德方一直不曾使用坦克（丘吉尔就怕德国的坦克首先在战场出现）？英法联军既从坦克找到了辉煌战果，为什么不让坦克领导战斗，打开西线的阵地僵局？这样，我就尽量找寻德方军事将领对于康伯列战役的评价，才知道他们虽是第一流军事家，却相信炮的威力，比坦克更有效。（波麦堡就说：一九一八年冬天，协约国有三千五百辆坦克，德国差不多一辆都没有。坦克的重要未为德军事当局所认识。）德军事当局认识坦克的价值，那已经是一九一八年三月间的事，可是整个战局就快结束了。大概第二次玛恩河畔的烙印，给希特勒以极深刻的印象；他的同伴，都给坦克搅得六神不安了，这才蹶然以起，建立他的闪电战的新战略了。

第二次世界大战前后，德军当局便计划着运用大量的坦克，那数量真是西欧各国的陆军所意想不到的。他们建造从四吨的轻坦克以至于一百吨的巨型坦克。他们在战略上建立了用坦克进攻的最高标准，每公里使用一百五十辆坦克。（古德林将军主张在两公里前线，出动一个坦克旅，五百辆坦克。）德军在西线给英法军对于第二次玛恩河失败的答复，是使用了一万辆坦克，法军的平射炮，对于德国的重坦克就等于以卵投石，毫无用处。（法文学家莫罗亚写法国的崩溃，对于这一场面，有极黯淡的文句。）

我个人总觉得人类的意念真是奇妙；真如那和乌龟赛跑的兔子一般，它就会半途睡上一觉的。英法当局对于坦克观念，在两次世界大战当中，会比德国落后那么久，真是可怪的！

第一次世界大战之初，"各国都以为这个巨大的赌博，在几个星期之内，即可告一结束；在这个时期之内，一切古典式的战术都将被人施展出来；例如：迅似电雷之突袭，不顾一切之进攻以及运动战术。他们当然是把这个战争看作一下即可解决的事情，有如赛马一般"。但所有此项伟大的计划都被一件异常周密的防御技术给打破了，这是他们所意想不到的。只需挖掘一道壕沟，前面敷设有棘的铁丝网，即能抵御那可怕的重炮。而战略家在平原之上调动大军，借沙袋的掩护，竟可使敌人不知不觉。前线的形势，好像一面绵延不绝的铜墙铁壁。主将们的才智完全用在怎样打破这道墙壁上面；但纵然费了九牛二虎之力打开一个破口，而敌方几乎立刻能把它合拢来。运动战术碰到了战壕，不啻碰到了死对头了。面对着这样战场上的现实困难，打破阵地战的僵持局面，回到高度的运动战的战略，这一意念，也就一直钉在双方统帅的心头；大家尖锐地感到要有一种通过一切障碍的装甲车辆（它要能超越弹坑壕沟以及铁丝网），"坦克"便适应着这一需要而产生了！

"日光之下，并无新事。"历史家就开始替产生坦克的意念找寻它的祖先。二千五百年前，有一位波斯王基尔，他曾经用过一种战斗的车子，那车子有着可怕的外形，每一辆车子有着两只轮子，样子跟一只马蹄相似，后轴的外露两端，各装类似镰刀的大刀一把，刀锋向着前面，车中装有两匹马，一名战士站在车上，驾驶着他的马匹。这种车子冲向敌人时，可以用两侧的弯刀杀入敌阵。这颇有着"坦克"的雄姿和作用了。那时，波斯人还用着战斗大象队，当时，他们在象背上装了一个木制小室，恰好与坦克的炮塔相当，塔中坐着两个人，各带弓箭，那么联合出动，也就像坦克车队这般所向无前了。

到了中世纪，文艺复兴，那位多才多能的里奥拿多达·芬奇，他是连着飞机降落伞和大炮都有了设计图样的；他又曾建议要造一辆装大炮的车子，"一种密闭式的安全车子，它将能轻易地冲进敌人密排的军队中去，用它的炮把所有敌人消灭，它后面的步兵便可毫无困难和危险地随着前进了"。这似乎也在描写坦克的战地实况了。

其他的先驱者，如荷兰物理学家斯蒂文，一六〇〇年制造的一辆装有桅杆和帆的车子，就和"坦克"初期所设计的陆地巡洋舰颇相近，而一五三二年，法国威若士所设计的活动炮塔，这个炮塔四面都伸出坚硬而巨大的角，人头的嘴和一只大鸟的嘴一样，口中伸出舌头和一支矛一样。还有一位意大利人瓦都旺也曾有过炮塔的设计，那是一种公鸡身、鹰脚、狗头的一条龙，龙领上有一个竹制筐子，那儿向外面伸出了战士的长矛，从狗头中伸出了炮筒，可以射出有翼的箭支的战具。这些带有浪漫色彩的战具，也真的有着"坦克"的意味的。

当然，启发斯文顿上校的中古骑士的盔甲，更有着"坦克"的意味，而且在战场上有着坦克的作用的。人类，在适当的环境中，自会有同样的意识呢！

《三字经》

　　我幼年所读的第一本书，便是《三字经》；这是南宋大儒王伯厚的杰作（伯厚原是朱门弟子之一）。两宋理学家，都注意儿童教育，选了《论语》《孟子》作儿童教本，再补上《礼记》中的两篇，《大学》《中庸》，"四书"之名，就是这么来的。（北宋以前，并没有"四书"的类名，上海某教育局长说孔子著了四部书，那当然是个大笑话。）朱熹又怕年轻人还接受不了这些谈政治与人生的大道理，因此，又编了《小学》四卷（其中一部分就采用了《礼记》的材料，其第三、四卷，则着重前贤的嘉语懿行），好似一部小学教科书。到了王伯厚的《三字经》

出来，才算有了入门的幼稚教本。这部教本，包括天文、地理、历史、人物以及社会、人生，一部小型百科全书，就成为近八百年间里巷间最流行的教本。（章太炎曾加增订，补充了许多。）

不过，这本书一开头就提出了一个永远争论不已的问题，便是人性问题。他引了孔子的话，却又歪曲了孔子的话。孔子说："性相近也，习相远也，唯上智与下愚不移。"明明白白说性有善有恶，只是程度上的差别，和"性本善"的说法是有距离的。孔门两大派，荀子主张性恶，说是其善者伪也（伪者人为之意），原是看到人性的一面，而且性恶，只是说人有着禽兽的天性，也不一定是坏的。孟子所谓性善，也只是善之端（善之端与恶之端，其实是并存的），也只看到了一方面。所以，"性本善"的说法，是颇成问题的。

世界各国的宗教家，其所主的道德观，很多偏于"性善说"；只有基督教认为人类是犯了罪到世上来受苦的（佛家只是强调人间苦，并不认为人是带了罪恶来人世的）。伊斯兰教的《可兰经》，则认为善恶并存，善进恶亦进；善可以成神，恶也可以成神。究竟人性是有善有恶的呢，还是无善无恶的呢？是如王伯厚所主张的本善说呢，还是如荀子所主张的本恶说呢？到了我们眼中，似乎应该这么说："善""恶"乃我们所下的道德标准，与性的本身并无关系，既从性本身说，应该说是"无善无恶"，若从作用来说，应该说是可善可恶的！

《三字经》这样体裁的书，要做好，本来很难的；有人做过《儿女三字经》《医学三字经》，除了便利记诵而外，也没有其他特长。王伯厚的书，自是独步千古了。他在经中穿插了许多故事，这些故事，几乎成为家传户诵最普遍的谈话资料。要说宣传的效能，也很少能这样深入民间的了。那些故事中，弥漫着儒家的气息；儒家的思想，首重中庸之道，所以一面教勤，一面教俭。而看重习惯的养成，环境的改善，已经贯通了孟、荀二家的共同趋向。本来这个"庸"字，便是"平平常常的道理"，并不要好奇立异的。里巷间虽有《二十四孝图》那些属于独行传的传说，王伯厚却不曾采用过。而"如囊萤，如映雪"，也只是劝孩子们惜取寸阴之意，并不像"天子重英豪，文章教尔曹。万般皆下品，唯有读书高"那样庸俗的。

我觉得《三字经》之代表儒家思想，正如《惜时贤文》之代表道家的思想。《三字经》把社会人生的积极意义说了，所以，认为"勤有功，嬉无益"。《惜时贤文》却淡淡地在我们耳边说道："有意栽花花不发，无心植柳柳成荫。"他们揭示的消极主义的意义，的确是很深长的。我们在社会上混得很久了，有时候，真的觉得"各人自扫门前雪，莫管他人瓦上霜"乃是处世的经验之谈。

或者我们可以这样说：儿童入塾受书，让《三字经》灌输一点儒家的积极精神，让他们懂得人生的价值。到了中年以后，自然而然，会觉得道家的消极精神，自有其妙用。这样，也就形成了中国的社会教育了吧！自古至今，比较成功的几位政治家，他们都是内"道家"而外"儒家"的；一个人，总不可以没有傻劲，却又未便太傻的呢！

《老残游记》曾经说到他到东昌府去看杨氏的书，街上溜达一番，书坊里也没有什么可看的书。书坊老板告诉他，销行的也只有《三字经》《百家姓》《千字文》《千家诗》，都是童蒙常用的书。

发蒙的书，大概要算《千字文》为早；汉代政府任用公务人员，当时的文官考试，限定要识得三千个单字以上，《千字文》、急就章一类的书，就适应着这一种需用而来。不独此也，就是汉人的辞赋，在那没有字典辞典的时代，就有着类书的作用。所以《两都赋》《二京赋》，不独多识草木鸟兽之名，也显得他们所用的词汇特别丰富些。《三都赋》成，洛阳纸贵，也就是大家当作类书来抄，以备借镜之用。那篇有名的王褒读后，他开出一张日常生活的细账来，也和里巷间流行的《五言新字》《七言新字》相差不远的。两汉文辞，也还在由用字转到用词过渡时期，所以单字的数量，就比晋唐以后多一些。直到隋唐以后，类书及字典先后产生，辞赋之类也就衰落下去。只有《千字文》《百家姓》还流行着；直到宋人注重儿童教育，才把《三字经》编出来；无论从哪一方面说，都比其他发蒙书高明得多了。

我说王伯厚把宋儒的若干社会人生观点，凝集在这一小册子中，可以说是最儒家的。其中有两句，说是"三才者，天地人"；关于天人之际的看法，儒家自来和佛家的人间苦看法大不相同，和耶稣教的犯了罪被上帝谴谪来人间的看法也不相同。儒家是肯定人生，所以"人"的自负与自尊，宋明理学家的气概最为发皇。立于天地之间，要担当不朽的胜业，也可以说是唤醒人类的自觉心。至于扩大了宇宙观，看明白地球只是一颗被遗忘的尘埃，人类，这种从猴子进化来的动物，更是渺小不足道，那是近二百年间的事，我们对于古人自不能那么苛求的，我们应该说，一部八百年前的书，在这个世代，还值得看一看，这就不容易了！

《庚子丛谈》

　　前年秋间，偶经霞飞路小书肆瞥见璧园居士所著《庚子西狩丛谈》，欣然购归，尽一昼夜之力读完。此书于十五年前曾见凌霄一士随笔中引称，访求未得，今乃无意中得之。书中口述拳变故事的观复道人，即系吴永，浙江吴兴人，曾国藩之孙婿；庚子那年任怀来知县，以迎跸得圣眷，其后随驾入陕，以迄辛丑和约成立，帝后返京，相与始终。他所口述，虽属于一人之遭际，而其间事实，大多关系于政闻国故，与一时大局之得失，为当世所不具悉者。笔述的璧园居士，即刘治襄先生，浙江兰溪。刘先生为我乡先辈，以能文名；可是乡人虽有种种传说，可也从未读过他的著作；我也读了此书，才知道刘先生确乎能文，名不虚传的。

这部书，无疑是有关拳变的第一等史料；最难能可贵的，还在于他们识见的通达。（曾纪泽为清末大臣中最了解国际情势及欧西文化的，吴氏盖受其熏陶甚深者。）刘氏记述拳变既毕，乃慨然推寻拳乱的因由，他说："所以酿成此大戾者，原因固甚复杂，而根本症结，实不外于二端：一则民智之过陋也。北方人民，简单朴素，向乏普遍教育，耳濡目染，只有小说与戏剧之两种观感；戏剧仍本于小说，括而言之，即谓之小说教育可也。小说中之有势力者，无过于两大派：一为《封神》《西游》，侈仙道鬼神之魔法；一为《水浒》《侠义》，状英雄草泽之强梁。由此两派思想，浑合制造，乃适为构成义和拳之原质。故各种教术之统系，于北方为独盛。……一则生计之窳薄也。北方人民，生活省啬，……谋生之途太仄，稍一不谨，往往不能自振，以致失业。因惰而游，因游而贫而困，则麇集于都会之地，藉傥来之机会以苟图衣食。群聚益众，则机会益难，非至于作奸宄法，不足以维持其旦夕之命。浸淫已久，而冒险乐祸、恣睢暴戾之心生焉。……因愚而顽，因游而暴。适有民教互阅之问题以作之导线，枭黠大猾乃利用钩煽，……奸民倡之，愚民和之，游民暴民益乘势而助长之，……遂轰然爆发而不可复遏。"一披源寻流，从社会底层上看出乱源，而且看出为乱之源不去，任遇何事，奸人皆可以随时利用而钩煽之，危险性便随时存在，防于此而发于彼，无法消弭。这可说是社会史家的看法，较之一切现代史家的论断，可说是同样的深刻。

刘先生于卷末，提出两种基本的方案：一则注重于普通教育，改良小说，改良戏剧，组织乡约里社，实行宣讲，以种种方法，使下级社会与中上级逐渐接近，以相当之知识，递相输灌，俾多数民众，略明世界大势与人类生存之正理。一则注重于普通生业，为人民广辟谋生之途径，教以手工技艺，使多数民众，皆得凭自力以谋生活。这又是何等切实的办法，浅近易行的步骤！就是到了今天，也除了这两条路，并无其他救国的奇术。清末儒士，身经世变，创巨痛深，所以他们的议论都从"战兢惕厉"的意境发出，"以茶余之清话作饭后之钟声"，可发人深省的！

《寓简》

一

　　《寓简》，宋沈寓山先生著；"先生名作喆，字明远，吴兴人，丞相该之侄，绍兴五年汪应辰榜进士。尝为江西漕属，以《哀扇工》诗忤洪帅魏良臣，陷以深文，夺三官以归；故是书首著以诗获罪之论，而于第八卷中亦微及其事焉。先生尝从人使金，又自言曾宦维扬，及为岳侯作谢表，其他行事无可考见。所著《寓山集》三十卷已竟及《南北国语》各若干卷，俱佚不传，唯《哀扇工》歌载周昭礼《清波别志》，然讳之曰寓客"（见《梅磵诗话》及《知不足斋丛书》鲍廷博附识）。

我们的时代和沈寓山的时代（南宋）太相像了，我们读他的《寓简》，觉得格外亲切有味。他自己以《哀扇工》诗获罪，对于诗以讽喻这一点，看得很注重，说："诗本以微言谏讽，托兴于山川草木而劝谏于君臣父子夫妇朋友之间，其旨甚幽，其词甚婉，而其讽刺甚切；使善人君子闻之固足以戒，使夫暴虐无道者闻之不得执以为罪也。"但他是一个直性子的人，讽喻非所擅长，如《哀扇工》诗即是十分切直的诗篇（陈直斋《吴兴氏族志》之《哀扇工》诗骂而非讽，非言之者无罪也）。他自己也说是用白氏《秦中吟》之体的。

因为他自己持论切直，所以看重切直的人。他曾有一段记载郑顾道的文章，极推崇郑顾道之为人：

郑顾道（望之）性耿直而通脱，有英侠气，徽宗宣政间，在馆阁十年不迁，人皆以其流落，而顾道晏然无求进之意。李邦彦初拜相，令所亲通殷勤，欲相荐为从官。顾道徐曰："……于义夫何可辞；虽然，相君能容，谓之为不然之客，乃敢受令耳。"客曰："不然之客奈何？"顾道曰："相君门下士以百数，其亲疏贤不肖，予未能尽知也。相君言而曰善，行而曰是者皆是也。使相君言而果善，行而果是，相与赞成之可也；君子犹畏其近于谀。相君言而未必善，行而未必是，不能以直道规谏，又从而称誉从谀之，其害于政道必广矣。今使谓之为相君客，得从容席间，讲明世务，当我人称善与是之际，独正色抗声而前曰：不然。……愿相君思之，如是而能容之，能从之，能终之，望之没身于门下可也，何有于从官？"……邦彦闻之，虽不乐，亦肃然加敬。

厌恶柔佞的污行而以直亮自持，寓山所取于郑顾道者在此，而他自己所以自持亦在此。当时政治黑暗，上下阻隔，切直之论，为在上所厌闻。他曾经说过两段感慨的话，一段是说在上位的不可禁天下之言：

传曰：天下有道则庶人不议，谓上无邪僻贪暴之政，使天下得以私议其非，是也。而后世之监谤，讳人开口论事，而过以媚主者，乃曰："有道之世而议论政事，非庶人之职也；非职而言，有罪焉。"是禁天下之言，甚于防川者也，不可以不察。

又一段泛论南宋初年危亡之征，词甚沉痛：

家多偏爱者衰，国多嬖幸者危。人主自聪明而多能者，其臣益欺；朝混乱而多制者，其政益化；官聚敛而多恶者，其积益亏；兵民穷瘴而怀怨者，其心必离；贤士失职而不察者，其志必暌；政令苛虐而好杀，上下刻急而无仁恩者，其福祚必移。自古以此乱亡，盖蔽而莫之知也，忽焉其可悲！

话呢，也是韩非亡征之类；当南宋之际，说这样的话，实在是对症用药。此外，他还有一句更切直的话：

天下之患，莫大于农失业，士失职，国家失民心，此土崩之势也。

二

不过，沈寓山虽是耿介性子的人，却不十分高傲，也并不落落寡合，倒是非常通达世情事理，其所持论，从庸言庸行上发挥，益足见他的眼光远大。如论用人，谓"当以学术器识，不当专用文辞之士。使其人有德量行实，缘饰以文章，固为稀世杰出；虽无文采，而识量操履，有公辅之望，自不妨大用也。"又谓："用人亦不必专主人望；士固有得一世人望，而临事乃大谬者，殷浩、房琯之败是也。谢安适遇苻坚天亡之日，仅能却敌；其后勉强北征，终以不济，一时虚名，固不足以得士也。"皆是饱经世故所得的经济之谈。其通达人情处，如论"魏沈玠舟行遇风，旬日绝粮，从姚彪贷百斛盐以易粟，彪命覆盐百斛于江中，谓使者曰：'明吾不惜，惜所与耳'"事，谓："彼以急病告，勿与则已矣，而恶声以辱之，是为绝物，不仁甚矣。"又论"晋王修龄在东山贫乏，陶范载米一船遗之，却去，曰：'王修龄若饥，自当就谢仁祖索食，不须陶胡奴米'"事，谓："彼以善意来，勿受则已矣，而戾气以诟之，是为傲物，无礼甚矣。"皆于处世接物之处，求其吻合礼义，不以矫情为贵也。

两宋理学家，如程、朱诸大儒，后人推崇备至；在当时却多拘迂可笑处。《寓简》第五卷引刘器之言："哲宗皇帝尝春日经筵讲罢，移坐一小轩中，赐茶，自起折一枝柳，程颐为说书，遽起谏曰：'方春万物生荣，不可无故摧折。'哲宗色不平，因掷弃之。温公闻之不乐，谓门人曰：'使人主不欲亲近儒生者，正为此等人也。'叹息久之。"千载后使我们想见那位执拗的理学大师程伊川先生的气度，不禁为之莞然，以寓山之通达，无怪录此事以为后人警诫的。寓山盖深得老庄及禅家之理，出世而能入世，故洞明深入处，为人所不及。他自己的处世法，可以下语括之：

> 天下事不可与争，争而得后必有变；静听而不争，至于无所受过患之地，自然帖伏。

三

常人论学，总说学贯什么，"贯"字却很难，古今学者，难得有几个"贯通"的；程、朱诸大儒，滞碍处甚多，还说不上"贯"字。寓山于易理得魏晋间人的精义，与老庄之学相会通，再证以禅理，较两宋理学家高一等，如论："卦终于未济何也？天下之事无终穷也，而道亦无尽也；若以既济而终，则万法断灭，天人之道泯矣。黄帝书所谓神转不回，回则不转。浮屠所谓不住无为，不断有为者是也。"可说是极精当的，如论治道，谓：

> 庄子之学，贵清净无竞，然魏武侯欲偃兵，庄子

乃曰：偃兵者造兵之本也。佛氏之学，贵知慧慈爱，然陆亘为宣城守，欲以知慧治民，南泉师乃曰：斯民涂炭矣。

此皆于极平常处见高明，不以流俗之见自囿的。我最爱他说风那一段：

列御寇御风而行，泠然善也。盖圃田深悟性空贞风之理，诸器世间，皆为风力所转，我反乘之，周流亡碍，熟知风之为我我之为空耶？至漆园吏尤善言风，其言曰："汝闻人籁，而未闻地籁，汝闻地籁，而未闻天籁夫！夫大块噫气，其名为风；是唯无作，作则万窍怒号，而独不闻之翏翏乎！山林之畏佳，大木百围之窍穴，似鼻，似口，似耳，似枅，似圈，似臼，似洼者，似污者，激者，謞者，叱者，吸者，叫者，譹者，宎者，咬者，前者唱于而随者唱喁。泠风则小和，飘风则大和，厉风济则众窍为虚，而独不见之调调之刁刁乎？地籁则众窍是已，人籁则比竹是已，夫吹万不同而使其自己也，咸其自取，怒者其谁耶？"其言风之变略备矣，自昔未之有也；二子皆不为风力所转者，观风之动而入于神，二子可谓妙矣。然未若瞿昙氏之奥也。佛之言曰："风性无体，动静不常；汝尝整衣入于众中，则有微风拂于人面；此风为复出于衣中？或从虚空生彼人面？若出衣中，汝乃披风，其衣飞摇，应离汝体，我今垂衣，风何所至？不应衣中有藏风地。若生虚空，汝衣不动，何因无拂？空性常住，风应常生，若无风时，虚空当灭；灭风可见，灭空何状？若有生灭，不名虚空。汝当谛观，虚空寂然，不参流动，风自谁方鼓动来此？风空性隔，非和非合，汝曾不知，如来藏中，性风真空，性空真风，清净本然，周遍法界。"……呜呼，天下之至理，唯圣人能言之，而心悟至道，有大辩才者，亦能言之，然相去远矣！……若宋玉之赋，则为文章讽喻而已！

此用各家论"风"来启悟学者对于本体论的认识，可以说得上一个"贯"字。前人谈禅说理，独于世情未能淡薄；故其言虽玄远，而心迹则滞；寓山之学，不凝滞于物，为无用之用；其作《寓简》，自谓无心于言，此其所以不可及也！

《京师坊巷志》

　　《宇宙风》半月刊接连了几期北平特辑，却没有人提起朱一新的《京师坊巷志》，这颇有点"幽默"——熟于掌故的幽默。

　　《京师坊巷志》，清光绪年间，义乌朱一新作，葆真堂刊本。作者自序云云：

　　　　京师坊巷，大抵袭元明之旧，琐闻佚事，往往而在；若其规制之沿革，习俗之隆窳，民生之息耗，则又考古镜今者之渊海矣。……爰钩考其言之雅驯者，述为斯篇。……牙署寺观，各有颛门，标其纲要，补其阙遗，抑亦志地者所不废；若闾巷从祠，王侯甲第，郡国计车之所萃，寓公篇咏之所传，闲涉繁芜，要关掌故，略仿宋氏《长安志》例，悉加甄录。

盖谈北平掌故者所不可不看的书。查《国粹学报》第六十二期，载有李详《〈京师坊巷志〉序》，而刊本未载，不知是什么缘故。

北京人称"里巷"为"衚同"，谈者不一。朱氏先引明张萱、杨慎的话，再自己来一段考证。张萱说："京师人呼巷为胡同，世以为俗字，不知《山海经》已有之：'食器鸟可以止同。'郭璞注：'治洞下也。音洞。'独胡字未经见。"杨慎说："今之巷道，名为胡洞，字书不载，或作衚同，又作胡同，皆无据也。《南齐书》：'萧鸾弑其昭于西弄。'注：'弄，巷也。南方曰弄，北方曰衚同，弄之反切为衚同也，盖方言耳。'"朱氏考定云："案：疑耀所引，见北山及中山经，然此特借字，非其本义。《说文》行部：'衕，通街也。'《广韵》《玉篇》义同，音'徒东''徒弄'二切。《广韵》引《仓颉篇》作衕，云巷道，今南方呼巷曰弄，北方呼巷曰'胡同'。'胡同'合音为弄。弄见《尔雅》，同见《说文》，皆古训也。谢肇淛《五杂俎》，引《元经世大典》，谓之火弄；胡同即火弄之转。元人有以胡同字入诗者，其来已久。（《查浦辑闻》云：京师巷称胡同，其义不典。《南史》东昏侯被弑西弄，即俗所云弄也。《元经世大典》谓之火弄，恐北音误仄为平，因呼胡同也。）《析津志》言：京师二十九弄通，弄通字本方言，盖缘饰以古义，非其实也。"朱为清末经学家，和康有为辩难争驳，相持不下。其学宗信程朱，淹博处近王伯厚，即此小考证，可见其精审。

《坊巷志》条列建置沿革，杂证各家记载，结以小小考证，小小篇幅，用力甚勤，犹有朴学家治学精神。如棋盘街条目下，引《旧闻考》：

大清门外，俗称棋盘街；乾隆四十年修葺，周围石阑，以崇体制。

又引《东华录》：

顺治六年五月癸巳，钦天监奏："宸居重地，负阴抱阳，阴宜敛藏，阳宜开广。棋盘街房屋蔽塞，宜禁；文德、武功两坊，左右相配，今文德坊已火，即宜修建。"从之。

又引《礼部则例》：

顺治八年议，大清门外原立有下马牌，官民乘车马者俱下。其在石阑内贸易者，永行禁止。两旁系故明市肆，许贸易如故。

以下引各家纪述，以征棋盘街之盛：

《宸垣识略》：棋盘街四围列肆，长廊百货云集，又名千步廊。元欧阳原功诗："丽正门当千步街。"则千步廊为阛阓之所明矣。今大清门外居人，犹仍此名。

《燕都游览志》：棋盘街直宫禁大明门之前，每朝会诸大典，京营将先期领营军护卫，驻足其中，树帜甚盛。若乃天街步月，虽城中多旷，观乎此，属第一。

《长安客话》：棋盘府部对列，街之左右，天下士民工贾，各以牒至，云集于斯，肩摩毂击，竟日喧嚣，此亦见国家丰豫之象。

查嗣琛《查浦诗钞·杂咏》诗：棋盘街阔静无
尘，百货初收百戏陈。向夜月明真似海，参差宫殿涌
金银。

剪裁处极有分寸，当得"删繁"二字。末尾又加一段小
考证：

案今之正阳门，元之丽正门也。明初筑京城时，
不言有所更改。第证以《元一统志》《析津志》，则丽
正门当与今长安街相近，所谓千步廊者，未必即在今
棋盘街之地。

清代考证学家下断语处甚谨慎，非有十分之见，不轻易推
翻成案。朱氏按语，有此类谨慎处。

朱氏称引前人笔记，其有关掌故者，多存风韵语。如石虎
胡同条下，说裘文达赐第在石虎胡同，引洪亮吉《更生斋集》：

裘文达赐宅构一轩，名好春，退直所憩。宾客门
下士往来者，于阍人率不关白，径入此轩。若已退

直，则公必坐轩左右若待客矣。一日，值岁小除，诸人咸诣轩与公馈岁，忽司阍者至公侧耳语，公大笑曰：户部堂官岁尽分饭食银，亦不可告人耶！即命挈一囊至，泻出之，皆库贮大定两五十。公数座中客若干，令各怀其一，曰："诸君年事大窘，聊以分润耳。"数不足，复命人取之，遍给乃止。

因地记人，使读者想见裴文达风度，的确是好小品。如"正阳门外大街"条下引高承《鸿一亭笔记》：

正阳门前，搭盖棚房，居之为肆，其来久矣。崇祯七年，成国公朱纯臣家灯夕被火，于是司城毁民居之侵占官街棚房，壅塞衢路者。金侍御光宸上言："穷民僦居无资，借片席以栖身，假贸易以糊口，其业甚薄，其情可哀。皇城原因火变，恐延烧以伤民；今所司奉行之过，概行拆卸，是未罹焚烈之惨，而先受离析之苦也。且棚房设中途，非尽楼栋连楹，若以火延棚房，即毁棚房，则火延内室，亦将并毁内室乎？"疏入，有旨停止。

此等处，非尽闲散文字，于掌故考据以外，别有经济在。

《志》中，如广宁门大街、圣安寺街、琉璃厂、骡马市大街诸条都甚好，反正原书俱在，不必多引。谈者喜称杨衒之《洛阳伽蓝记》，此虽较逊一筹，亦志乘中之精品也。

《竹窗随笔》

　　近读明代高僧袾宏所作《竹窗随笔》《竹窗二笔》《竹窗三笔》，喜其胸襟明朗，出语平淡而意味深远。

　　有聪明人，以禅宗与儒典和会串讲，他说："引进诸浅识者，不复以儒谤释，其意固甚美；……若按文析理，穷深极微，则翻成戏论。"各家立说，无有不偏，一定要把各人的偏见，调和起来，说是同出一源，也是愚妄之至，自佛学东来，魏晋之间，就有人调和儒释道三家，造成《太上感应篇》一类的肤浅论调，究之实际，以儒说附会禅宗，于儒于禅都不忠实。袾宏说这类和会串讲"翻成戏论"，的确是见道之言。近有四川人段正元，到处传"三教合一"之道，比"太上感应论"更肤浅，十年前，他曾和富阳夏灵峰会于西湖，谈论不合而散。我当年就说："段正元的胡说，不独为真儒家所笑，且为真佛家所笑。"今见祩宏之论，足以针砭段某之妄！

祩宏道行日高，弟子欲存其语录。他说："我实凡夫，自救不了。为吾徒者，慎勿笔吾一时偶尔之谈，刊为语录；不唯妄自尊大，又偶尔之谈，或有为而发，或因人而施，未见究竟了义；而况听者草草入耳，便形诸纸墨，亦恐有误人之过也。"我们知道，孔子论仁，因人而异，"丧欲速贫，死欲速朽"。有子知道孔子有为而言。前人书，有的是发挥他自己的中心思想，前后自成一贯；有的是偶尔之谈，或有为而发，或因人而施；假若拘泥一端，把偶尔之谈看作其人的中心思想，便是误入歧途。祩宏之论，实在足以开启后学者心眼。

祩宏论当时人读《楞严》，说："近时于诸经大都不用注疏，夫不泥先人之言而直究本文之旨，诚为有见。然因是成风，乃至逞其胸臆，冀胜古以为高，而曲解僻说者有矣，新学无知，反为所误。且古人胜今人处极多，其不及者什一；今人不如古人处极多，其胜者为百一。则孰若姑存之，喻如学艺者，必先遵师教以为绳矩，他时后日，神机妙手，超过其师，谁得而限之也？而何必汲汲于胜也？"这一番话，颇像清代考证学家戴东原的说法。每当旧思想呆滞不进，新思潮即起来做破坏的工作，其时风气必多疑古反旧；旧思潮既已破毁，新思潮正在建设，又必以批评地接受旧思潮为风气。袾宏的话，所以和戴东原、段玉裁诸正统派的主张相一致；用袾宏的主张，亦可读儒家诸经。

《竹窗随笔》有二则论苏东坡，说："东坡文章德行炳焕千古，又深入佛法，而不能忘情于长生之术，非唯无功，反坐病卒。"又引元禅师与东坡二书云："时人忌子瞻作宰相耳，三十年功名富贵，过眼成空，何不猛与一刀割断？"又云："子瞻胸中有万卷书，笔下无一点尘，为何于自己性命便不知下落？"我看苏东坡亦是热衷名利人，失意于党争，就躲入诗文的天地中。苏子瞻有了诗文的天地，性命明明有了下落，叫他在何处猛下一刀？文人谈禅说道，只是借禅道做幌子，若以他们真能遗世忘俗，那又大错了，袾宏另有一则，记隋梁州沙门慧全，慧全临终时，弟子甚众。籧异弟子悟道，说他"当生婆罗门众"，慧全问其故，那籧异弟子说："师信道不笃，外学未绝，虽有福业，不得超诣。"以此为例，苏东坡或潜心诗文，而心惊禅道，或出家习禅，而心惊诗文，必两无一就，袾宏到底是读书人出身，忘不了诗文。

《竹窗随笔》有一则论山色甚好："近观山色，苍然其青焉，如蓝也；远观山色，郁然其翠也，如蓝之成靛也。山之色果变乎？山色如故，而目力有长短也。自近而渐远焉，青易为翠；自远而渐近焉，翠易为青。是则青以绿会而青，翠以绿会而翠。非唯翠之为幻，而青亦幻也，盖万法皆如是矣。"此谓万法皆幻，乃佛家出世观，然亦可作入世观说法。罗素谓人生不恋爱，就不能欣赏自然美，同一月，同一山水，恋爱中自有美趣；唯幻得幻，乃入世观也。

《杨幺事迹考证》

　　《杨幺事迹》，宋鼎澧逸民所作，见于岳珂《金佗稡编》，朱希祖先生的考证本，最近由商务印书馆出版。朱希祖先生自序云："当南宋高宗时，事有与今相似者，如黄河以北，沦于金虏；金又以山东、河南、陕西之地，立刘豫为伪齐，建元阜昌，一也。宋于淮汉大江之间，仿唐边地藩镇之法，设镇抚使十余，以为屏藩。然纷纷割据，徒分兵力，或不奉号令，相互攻击兼并，或降伪齐，借外力以内侵，二也。而钟相、杨幺鼓吹均贫富之说，聚众至四十万，蔓延之地，水陆千里，三也。此皆可为今之殷鉴。"朱希祖先生是有心人，他要于《杨幺事迹考证》以外，另作《伪齐国志》及《南宋初镇抚使考》，"冀以窥见当时乱象之底蕴"，我们相信是很有意思的。

钟相、杨幺主张均贫富、等贵贱。"均贫富"本来是儒家的主张，孔子说："不患寡而患不均。"一提到土地分配问题，自董仲舒、刘歆以后，没有不梦想井田制的实现；直到明初，方孝孺还以主张复古井田被燕王朱棣用作攻击建文帝的口号。自北魏均田制实行著有成绩以后，谈土地改革的也大体都向着这条路走。均贫富的观念，既每人都有很深的印象，所以由民间揭竿而起的，总有意无意之间带点"均贫富"的意味。如明末李自成的讨明檄文说：

……兹尔明朝，久席太宁，浸弛纲纪，君非甚暗，孤立而炀蔽恒多；臣尽行私，比党而公忠绝少。赂通官府，朝廷之威福日移；利擅宗绅，闾左之脂膏殆尽。肆昊天丰，穷乎人爱，致逃民受苦于裸灾。朕起布衣，目击憔悴之形，身切恫瘝之痛；念兹普天率土，咸罹困穷，讵忍易山燕水，未苏汤火？……

这檄文，曾忙坏了当时北京城里许多士大夫，大家都来做辟谣的文章，说："……（闯贼）盗仁义之虚声，播强暴之事实。"钟相、杨幺实行均贫富，比较有主张有办法；他们的"焚官府、城市、寺观、神庙及豪右之家，杀官吏、儒生、僧道、巫医、卜祝之人"（朱希祖先生谓："其焚官府杀官吏，所以除邪法也；焚城市，所以除富商大贾也；焚豪右之家，所以除兼并也；杀儒生，所以除诵说邪法也；焚寺观、神庙，杀僧道、巫医、卜祝之人，所以反宗教除坐食之人也；独不杀农工，以皆自食其力，故钟相之徒党，春夏皆自耕耘"解释得极好。）也比李自成那样发王邸金库以赈与饥民，更能得人心。他们聚众四十万，纵横千余里，南宋初年，朝廷费了极大的心力，由岳飞那些名将出马，历时十余年，才算平定下来，也非偶然的。北魏行均田，杨幺均贫富，要算儒家提倡井田制以来朝野两个实行者，无论成功或失败，都是研究中国社会问题的极好借镜。

"等贵贱"之说，也有它的来源。农家许行主张尧舜与民并耕而食，惠施有去尊的主张，列子说子产的哥哥公孙朝好酒，弟弟公孙穆好色，比子产治国还伟大，都有等贵贱的意味。西晋有鲍生主张"去君"，他说："自从尊卑有序，便有人造剡利之器，长侵割之患，弩恐不劲，甲恐不坚，矛恐不利，盾恐不厚。"又说："人主忧栗于桎梏之间，百姓煎扰于困苦之中，正由君臣既立，众蠹日滋。""无君无臣，则不竞不营。"

他以为废了君，去了贵贱尊卑，则"桀纣之徒，并为匹夫，性虽凶奢，安得施之"。钟相以为法分贵贱，便不是善法，也就是鲍生之意。不过等贵贱看是容易，却比均贫富还难于实行，甚至连主张等贵贱的钟相、杨幺，也不能不自称大圣天王，也是一个大矛盾。前些时，曾见鹤见祐辅主张指导地位的自然化，谓："在现今的进步的时代，我们所可承认的指导者，并非以一个人，来指导统率地上万般的事相的人之谓。这是明明白白，是分了千百方面的，为着特殊的目的而存在的指导者。在这意义上，即现代的每一个人，是莫不具有各依天禀，可做别人的指导者的潜在能力的。……一到人文发达的极致，便极其自然而然地，人类都成指导，也是被指导者。"那么，所谓"等贵贱"，得着一种新的解释了。

下
卷

蠹话乙录

《浮生六记》

　　前天，我看了一本使人作呕的影片，叫作《浮生六记》，回来就写了这个题目；W君劝我不要写，因为有人正在那儿捧这影片的场，说是如何如何和封建意识在斗争呢！今晨L君来，谈及此片，亦有同感，就让我把憋着一肚子的话也说一说吧！

　　假使沈三白也和这影片里的苏三白一样的"酸"，那部《浮生六记》早该烧掉了。"风雅"是艺术欣赏的境界，卖弄风雅，以作诗赏月、游山玩水为高，那就酸腐了。"酸"与"雅"，一纸之隔，这是编导者所不曾理会得的。《儒林外史》中，有两群人物，一种是景兰江、支剑峰、赵雪斋、萧金铃一类的人，"吾辈今日雅集，不可无诗"，于是大酸了一通。又一种是杜少卿、杜慎卿那一型人：如少卿那样，"携着娘子的手，出了园门，一手拿着金杯，大笑着，在清凉山冈子上走了一里多路。背后三四个妇女嘻嘻笑笑跟着，……"风丰不同，有如此者。有一天，杜慎卿邀了几个友人在园中看牡丹，他们喝了橘酒，谈笑甚欢。萧金铃道："今日对名花，聚良朋，不可无诗。我们即席分韵，何如？"杜慎卿笑道："先生，这是如今诗社里的故套。小弟看来，觉得雅得这样俗，还是清谈为妙。"说着，看了鲍廷玺一眼，他便走进房去，拿出一只笛子来，去了锦套，呜呜咽咽，将笛子吹着；一个小小子走到鲍廷玺身边站着，拍着手，唱李太白《清平乐》，真乃穿云裂石之声！这便是雅与酸的不同之处。

沈三白乃是杜少卿这一型人物，他是懂得艺术的，他爱好山水泉石之乐，却并不酸腐。他自谓："凡事喜独出己见，不屑随人是非，即论诗品画，莫不存人珍我弃、人弃我取之念，故名胜所在，贵乎心得，有名胜而不觉其佳者，有非名胜而自以为妙者。"这一方面，那两位编导人，可说是完全不懂，影片中的沈三白，变成了景兰江一流人，三白有知，真要叹气了！

这影片的编导人，他们对沈三白的了解实在太不够了。大概他们以为读书人的头巾气，总是这么重的；并不知道三白并非科场中人，而是一生游幕的。游幕的人，眼光比较远大，胸襟比较广阔，有时不免于玩世不恭；就因为他们能够玩世不恭，才敢在孔夫子神座前翻斤斗，不至于如腐儒那样迂拘。影片中的沈三白简直是三家村的冬烘先生，所以一言一动一举手一投足，无不可笑。

沈三白的学养，在《闲情记趣》中表现得最为深刻。关于静美的欣赏，我们的艺术，盖自佛家静悟中得之；（唐代画家张澡论画，谓："外师造化，中得心源。"这便是意境。）龚定庵在北平，对戴醇士说："西山有时渺然隔云汉外，有时苍然堕几榻前，不关风雨晴晦也。"这是山川与予神遇而迹化的意境。因为他是领会得自然情趣而又表现得心中意境的，所以落笔出言，都不至于那么酸腐。有一回，他论到自然的情趣，说："园亭楼阁，套室回廊，叠石成山，栽花取势，又在大中见小，小中见大，虚中有实，实中有虚，或藏或露，或浅或深，不仅在周回曲折四字，又不在地广石多。"他胸中自有丘壑，此等处，最宜利用天然景物来表现出来；影片中偏不从这些地方，反映出他的性格学养，整天只在那小房子中打圈子，如何会不失败呢！

头巾气的腐儒，最大的缺点，便是作伪装假；三白在这一方面，处处显出本质性情。他并不讳言游粤时期和船娘那一段浪漫史。（他记他处浪游，多述山水之胜，此处独写和船娘的缱绻之情。）他所欢爱的喜儿，就是一个朴素天真的女孩子。他"偶然独往，或小酌于平台，或清谈于寮内，不令唱歌，不强多饮，温存体恤，一艇怡然"。这是他处男女之间的尺度。这影片写不出一个天真的三白，那必然要失败的。

　　冯友兰先生有一段论自然境界的话："在自然境界中的人，可以说是天真烂漫。所谓天真烂漫，是为他的而不是为自的，亦只能是为他的，而不能是为自的。一个人若自觉他是天真烂漫，他即不是天真烂漫。他不能对于他自己的天真烂漫有觉解。如此有觉解，他即已失去了他的天真烂漫了。常听见人说：'我是天真烂漫的'，这是一句自有矛盾的话，亦必是一句欺人之谈。天真烂漫是一失不可复得的。自然境界，亦是一失不可复得的。"这段话极有道理，凡是说我们是风雅的，那就一定不懂得风雅了。裴冲要把沈三白弄成风雅之士，这就是这部影片失败的缘故。

　　写到这儿，我要申明一下，我也并不附庸风雅，以吴敬梓所写的杜少卿夫妇的极则，像少卿夫妇也还是标榜着风雅，带点儿酸气，不足为训的。我以为吴敬梓所写的读书人，以做裁缝的荆元为第一，他每日替人家做了生活，余下来工夫就弹琴写字，也极喜欢作诗。朋友们和他相与的问他道："你既要做雅人，为什么要做你这贵行？何不同些学校里人相与相与？"他道："我也不是要做雅人，也只为性情相近，故此时常学学。至于我们这个贱行，是祖父遗留下来的，难道读书识字，做了裁缝就玷污了不成？"我们要把沈三白看作比荆元不足，比杜少卿有余的人，这样才能勾画出他的真正风格来。

还有一点，现代人对于旧家庭中的男女之爱，不甚了了。脑子里受了荷里活①影片，以及五四运动以后谈情说爱的风尚的影响，好似前人的卿卿我我，就是这么肉麻的。虽说"闺房之中，有甚于画眉者"，可是表现的方式绝不相同。有人受了《红楼梦》的影响，以为旧式恋爱都是大观园式的，所以，这一影片中的陈芸和素云，都变成摩登的林黛玉与史湘云，也使人看了作呕的！

---

① 今通译为"好莱坞"。

《灰色马》

　　我的一生，很少记日记；有几回，也曾下了决心，开始写日记了，结果还是空白的多。在那扉页上，常常引用如次的一段话：

　　　如果"不幸"追到了你，请不要丧失希望，不要让失望占据了你。你会战胜那最大的困难的，你会追着"幸运"移转她的车轮向你走来的。你的事业会"冕"以完全的成功，一个比你所敢预算的更伟大的成功。

这段话是从《灰色马》上节引过来的。

我所读的书，翻读次数最多，算《儒林外史》和《庄子》；不过影响我最大的，却是一本路卜洵（Ropshin）的《灰色马》（郑振铎译）。这是一本日记体的小说，三月十四日的日记上，就有如次的两首诗：

伟大的甜熟的睡眠，

来临于我的生命里；

睡吧，一切的希望！

睡吧，一切的幻想！

我看不见什么东西，

我失了我的记忆；

一切好的与坏的，

唉！悲痛的历史呀！

这诗句，二十年前和今天，在我同样的清新。这小说的主人公佐治，他是参加了革命的暗杀行为组织的，"我们昨天曾经杀过人，我们今天也要杀人，到了明天，我们还要继续去做杀人的事"。但是，他明明白白地说："你不能用水把血消灭掉，你也不能用火把血烧掉了：永远是血，一直到了坟墓。"

本来，在他们的心头，杀一个人和杀一个虱子是一样的；但是，当他把他的爱人的丈夫杀死了，他又觉得杀一个人毕竟不是揿死一个虱子。他的谋杀的枪声，似乎把他心里的爱情也打死了。

耶稣说"不要杀人"，而他的徒弟彼得拔了刀去杀人；耶稣说"人应互相亲爱"，而犹大卖了他；耶稣说"我之来，不是来裁判世间而是来拯救世间的"，而世间的裁判却加到他的身上去。两千年以前，他浴着血，在祷告着，而他的众徒却在熟睡。而现在，彼得继续拔了他的刀。"即使天上乐园的门为我而开，我却仍然要说：'一切都是空的。'"

也是出乎我们的意想的，译者郑振铎有了引言，瞿秋白、沈雁冰都写了序文，俞平伯也写了很长的跋语；照例，序说很多人去欣赏的，在当时，这几篇序跋就有很大的影响。

《灰色马》作者路卜洵，原是俄国民粹派（社会革命党）的实际运动者，那是一个以"恐怖主义"为手段的政党所造成的人生观，产生了佐治式的英雄。瞿秋白在序文中对这一派政治手段以及政治气氛加以严厉批评，这种个人主义的英雄，也是要不得的。不过我个人倒不十分对于这类政治上的争论产生兴趣，而是这位革命行动者由于遂行暗杀恐怖行为了解生命的究竟，他提供一个实际的人生问题，便是"死"——"见有匹灰色马，骑在马上的名字叫作死。(《启示录》)""这书不仅仅是文学，这是人生的悲剧，写他的人对于其中的事迹，一件件都是亲身经历过来的。"

这书实写生活争斗的一场大悲剧。无论烈火一般的烧（恐怖党的暗杀生涯），醇酒一般的醉（恋爱纠纷），都是枉然的，都是徒劳的，临了只剩了这一句话，"我的手枪已在我身旁了"，这便是"生"的解决，是最后的唯一的，一了百了的总解决。说到这一点，已非政治家所能了解了，所以，这译本的序跋虽多，真正能够理解路卜洵的本意的，只有俞平伯先生，因为他是诗人。

俞先生说："说老实一点，活着是不能解决生的问题的，要解决它们，除非别活着；必要不活着，方能解决这活着的问题，这原来是不通的笑话。书中佛尼埃不说吗？'我觉得我之出生似乎是只为死而来的。'如生命万一有意义可言，其意义也不过如此，岂非等于没有。是的，谁说有呢？"

作者对于"生""死"的态度都是矛盾的，他赞美死，却又诅咒它；既视死为唯一的解决，却又同时憎恶它。他说："这匹马的四蹄无论踏在什么地方，这个地方的绿草便要枯槁了。""没有爱，没有世界，没有生命；所有的只是死，死是冠，是荆棘之冠。"

"因为没有一个人来保护我，所以我必须保护我自己；因为我没有什么上帝，所以我便要做我自己的上帝。"

"我就是真理，就是大道，就是生命。"

这是一个从实际行动所体味到的人生大道。

冷趣

易实甫《秋怀》诗："吾诗耽冷趣，白日常冥搜。下笔幽想来，奔赴万古愁。竹屋一灯青，夜寒吟未休。有时不自主，身被精灵收。无人大荒外，只影贪清游。借兹空际涛，吹我胸中秋。吟成似初悟，顾影疑浮沤。万山烟雨深，独立西天头。"这是他自言诗境之句，"冷趣"和"幽趣"，乃是他的独到之境。

昨读君左诗选，觉得他的诗也和他的父亲一样，才气奔逸，自是此中能手。（不独他的诗不错，他那篇自序所说的诗意，也是不错；只可惜君左不仅是孤芳自赏，而要提倡那一股酸风，陈和甫的儿子一定要装得陈和甫的样儿，又似乎大可不必的。）他说："艺术精神，首重创造；如何达到？必先有崇高之境界，有炙热之情感，有丰富之想象，有熟练之技巧，而其意识必归趋于纯正。《诗》三百篇，一言以蔽之，曰：思无邪而已。其情之所表现，无论兴观群怨，喜怒哀乐，皆以蕴藉之意绪出之，故《国风》之教，温柔敦厚，《离骚》之旨，缠绵悱恻，未闻呼号叫嚣而称诗篇，亦未闻阿谀谩骂而成文体。善哉英诗人之言曰：'一首诗不是在于指示，而是在于含蓄。'此诗之所以为诗也。"这话是不错的，他的作品也正足以副之。（从前诗人，如袁枚的《随园诗话》，理论不错，笔下却差得很远。）

易氏父子都是足迹遍天下的人，历史的胜迹，山川的巅奇，大自然的瑰丽，都曾收入眼底，写入诗篇。可是史事、胜迹，都曾有着一般庸俗的议论；撇开庸俗的看法说法，而自抒其胸怀，那便是易氏所说的"冷趣"与"幽想"了。正如游西湖的，好言十景，其实"西湖十景"都是庸俗不堪的，诗人别有会心，就在平淡中看出新境来，乃是他们冥想所得之境。即如易实甫的《天童山中月夜独坐》诗："青山无一尘，青天无一云；天上惟一月，山中惟一人。此时闻松声，此时闻钟声，此时闻涧声，此时闻虫声。"即是从平淡中表现出来的冷趣！

君左的纪游诗，大体都有新境，不落俗套。如《望神女峰》绝句："十二峰中第一峰，最奇最秀最玲珑，最高最艳最嫣媚，最是飞霞一抹红！"也就得自然之趣，和他父亲的路数是相同的。其他如《喜遇朱光潜》《登栖霞山》诸诗，都已超过晚清宋诗（同光体）的境界，显得他是超过他的父亲，成为五四运动以后的诗人了。我最爱他的《北泉新唱》：

午睡，甜，美。梦中凉雨潇潇，醒来一片江潮；
梦中一片江潮，醒来凉雨潇潇。

"诗科：不在山川怀抱，不在六朝浮雕，不在峰巅树梢，不在美人线条，而在小院一盘棋——静悄悄。"这就超过了五四运动的新诗，成为冥想诗人了。

陈衍《石遗室诗话》称易实甫的诗："屡变其面目，为大小谢，为长庆体，为皮陆，为李贺，为卢全，而风流自赏近于温李者居多。虽放言自恣，不免为世所訾謷，要亦未易才也。""放言自恣"，也可说是宋诗的特点；宋诗，吸收着更多的散文成分，体制也是多方面的；在这一方面，君左的诗，比他的父亲更进一步；因为，君左毕竟受了西方文学的影响，他有着"扬弃"旧诗窠臼的决心，所以他在运用诗的体式上，也和黄公度那么自由。而君左的时代，也比实甫更伟大，更艰苦，所以他的诗，也更接近那个从乱离中成熟的杜甫了。君左有一首《访友》的绝句："天翻地覆欲何之？此是人生崛起时。离乱九年安史乱，形成千古杜陵诗。"这倒像是他的自白。

君左有一首《谒杜工部草堂》古风，说："平生心折惟杜陵，其余纷纷无足称。有如汪洋大海破浪长风乘，又如摩空嵯峨巨岳谁能登？""生当国家正多难，流离转徙苦颠连。诗须径向穷时炼，一字一句皆桑田。""学诗三十年，虽无先生之才，窃有先生之志。虽非先生之时，却同先生之地。"这都表示师法杜诗之意。（其实宋诗，也是从杜诗出来的。）不过，君左的诗，才情外露，和杜诗的锋芒内蕴，风格上毕竟有些不同；他最能师法杜诗的，倒是他的纪行诗，如前期《留吴集》中的《西湖望月歌》《梅园望月歌》《乾坤双洞歌》《华山歌》，后期《中兴集》的《四十日过巫峡放歌》《青城山歌》，《峨眉集》的《金顶高歌》《大雪放歌》，《西北集》的《平凉曲》《六盘山歌》《宿宁家岭》，《登栖霞山》以下诸作，都有着老杜纪行诗的味儿。我个人对于旧诗的理解是不深的，恕我说老实话：君左之学杜诗，结果却落入陆放翁的途径中去了。君左有一首《登快阁怀放翁》诗："快阁玲珑倚镜湖，亭台花木甚清疏。诗人浩志凌霄汉，胜迹名邦忆故居。春水碧从天上染，斜阳红向醉中扶。好情好意好诗景，留与千秋作画图。"后面那四句，也可说是得放翁之神理呢！（曹雪芹借黛玉指导香菱的话在批评陆放翁的诗，一落入放翁的窠臼就不容易出来了！君左则是学杜不及，而成为放翁的风格，也和力主解放的黄公度十分相近的。）

今天，读了君左先生自言写诗的心得。他说："我自信学诗有一点点心得，而且我有写诗的灵感和天才。用变幻莫测的思绪和情愫，用美丽的文字和声音，纵横或反复地表达一种高超的意境。"这话，也如陆机《文赋》所说的："浮天渊以安流，濯下泉而潜浸。于是沉辞怫悦，若游鱼衔钩而出重渊之深；浮藻联翩，若翰鸟缨缴而坠层云之峻。"炼字锻句，就像钓鱼似的，钓出了恰到好处的语句来。钓鱼的生活，也可以安得上一个"冷"字，柳荫独坐，凝神注视，把全副精神寄在钓竿上，从深潭中钓出鲜活的鲫鱼，这也是一种乐趣。

君左用了洪迈《容斋随笔》所记："王荆公绝句云：'京口瓜洲一水间，钟山只隔数重山。春风又绿江南岸，明月何时照我还？'吴中士人家藏其草，初云：又到江南岸，圈去到字，注曰不好，改为过；后圈去，而改为入字，旋改为满，凡如是十许字，始定为绿。"从诗歌的修辞说，本来要避免那些滥调，独造自己的境界。（英国文人，也有"第一个说花如美人的是天才，第二个再说花如美人的是呆子，第三个说花如美人的是傻子"之说。）因此，修辞造句，有人立意好奇，有人爱尚冷僻，都是避免庸俗的法门。王荆公所用这个"绿"字，把春日景物写活了，所以是好的。（正如把"先生之德，山高水长"改作"先生之风，山高水长"，这个"风"字是"剔空灵活"的。）君左自言：《自兰州飞返都门》一首：'淮南烽火红鸦背，不许斜阳照六朝。'当初是用着见斜阳，怕见斜阳等，最后决定用'不许'，语气坚定而韵味悠长了。"也就见荆公用"绿改南岸"之意。

君左生当中国文艺的大变动之际，清末诗人，如黄公度的《人境庐诗草》，主张："我手写我口，古岂能拘牵。"梁启超、马君武所提倡的新体诗，以及胡适《尝试集》所喊的"文学革命何疑，且准备搴旗作健儿。要前空千古，下开百世。收他臭腐，还我神奇——"都是要走出旧的格局，创造新的风格。君左致力于诗的格式的变化，也和黄公度所说的："一曰，复古人比兴之体；一曰，以单行之貌，运排偶之体；一曰，取《离骚》、乐府之神理，而不袭其貌；一曰，用古文家伸缩离合之法以入诗。""自曹、鲍、陶、谢、李、杜、韩、苏讫于晚近小家，不名一格，不专一体，要不失乎为我之诗。"至于他们这一斤斗是否翻出了如来佛的手掌，那就难说得很了。

陈衍《石遗室诗话》，评论当代诗风，对于竟陵体并不十分菲薄，一反清代诗家的观点。他以为"竟陵之诗窘于边幅则有之，而冷隽可观，非模拟剽窃者可比"。"钟、谭好处在可医庸俗之病。"此语倒可以移以对君左诗的确评呢！

《雪莱传》

　　最近，由于一点小小的因缘，一本好似嫁出去女儿的
《雪莱传》，又回到身边来了。《雪莱传》和《狄思雷利传》
《拜伦传》，可算是莫罗亚的精心结构之作。（我也爱他的其
他传记，如《屠格涅夫传》及《伏尔泰传》。）要从三个当代
传记作家之中（在英有斯特雷奇 Strachey，在德有路得维希
Ludwig，和法国的莫罗亚，均为传记的大手笔），说出我个人
的爱好来，路得维希的深沉，斯特雷奇的精到，莫罗亚的明
朗活泼，各有所长，难分甲乙的。我个人对于莫罗亚的传记，
特别爱好些，也只是因为洋溢于字里行间的人情味，使我们

感到十分可亲近就是了。

魏华灼先生（《雪莱传》译者），他曾说到新旧传记的同异。过去的传记，有的只是引证、笺疏、书目等的堆积，过于是纪念的、颂读的、教训的；其中所描写的人物，"只是英雄的雕像，美德与成功充分地扩大，内心冲突与失败尽量地隐匿，结果他已不是人，只是至善的画像，全是光明，毫无半点黑影"。现代的传记，可不相同了。形式上类似小说，引起读者欣赏的兴趣，这就诉之于文艺的笔触。其人物是有美德，也有瑕疵的，具有血和肉的生灵。传记家所写的传记结构较富戏剧性，就像制造了一件艺术品。例如斯特雷奇的《女王维多利亚传》，我们不可说："这本传记碰巧是一件艺术品"，我们应当说，"这件艺术品碰巧是《女王维多利亚传》"。莫罗亚的《雪莱传》，也是如此，雪莱的生活，也就是一首完美的诗；到了他的笔下，整个传记，也是一首完整的散文诗呢！启牖雪莱心灵的是葛德文（Godwin）的《政治正义论》（他最喜欢读这本书）。葛德文把一切化为简单，如果世人听从理性的指示，每日两小时的工作即足以供给人类一切的需要。爱情自由将代替不合理的婚姻恶习，哲学将铲除迷信的恐怖。但是，"偏见"紧闭住世人的心，不让真理走入，这真是一件不幸的事。

雪莱的一生，可以说是代表着反抗传统追慕自然的精神。

他的第一部小说稿子，题名《炼丹术士圣鸥斐》，就充满了极端破坏的思想，吓坏了书商斯托克得尔，也吓坏了他的老父和他们一家人。他写信向他的好友诉说道："人都以为我的思想可憎，因而攻击我，人皆视我为无赖者；天气预示着可怖的暴风，但是我好像立在灯塔上，欣然地讥诮着底下巨浪的拍击。我尝试开导我的父亲。说也奇怪，他有一个时候，也竟赞成我的议论；他承认上帝直接的干涉是不可能的。他承认巫道、鬼怪、传说的奇迹，是绝对不可信的。但是，当我应用我们所一致赞成的真理的时候，他就惊跳了。于是用一种无理的论辩，'我相信，因为我相信'，使我无话可说。我的母亲相信我在往地狱里去的大道上走着。她以为我将我几个小姊妹，全变成自然神教的信徒！这是多么的可笑！"

　　从他们这一家庭，以及他的论调所激起的反应，我们可以明白十八世纪末期到十九世纪初期那五十年间，自然神教（即百科全书派的理性主义），怎样震撼了他们的时代。这一思潮，激起了法国大革命，这泛滥大陆的狂潮，怎样吓住了英国的绅士。他的另一本书《无神论的必然性》在书店的橱窗上陈列了不过二十分钟，就把新学院的学术会员吓得跳起来了。雪莱也就被开除了！他和家庭的关系，也就断绝了。

（自然神教，一部分来自文艺复兴的返于希腊、罗马的古典精神，一部分则来自东方的道家的老庄放任主义；一方面反对一神教的独断的教义，一方面提倡反宗教的怀疑主义，因而进于无神论。）

雪莱的少年期，发挥了坚强的反抗精神，于是他发现了葛德文，伟大的葛德文，《政治的正义论》的作者，婚姻制度的破坏者，上帝的仇人，无神论者，共和主义以及革命家。正如雪莱写给他的信所说的："葛德文这个名字，在我的心里，常常激发崇敬和钦佩的情感。我常以为他是一个发光体，对于他周围的黑暗，是过于灿烂炫目了。我参与人类活动的舞台，为时尚不久，然而我的情绪与理论已经和你的符合一致。我走的路程虽不长，却是变故纷纭。我的判断所以认我的思想为真理的，以我受的迫害为其主因。"

关于雪莱与葛德文之间这一段因缘，正可说是理想与现实的对照。葛德文，这位自然神教大师，他是雪莱的精神上的父亲。一八一二年十月间，雪莱夫妇去访问这位伟大的人物时，印象颇不错，相处得很好。（在葛德文家中，凡尼和哲恩是以整个晚上来听雪莱说话，狂喜入迷。她们渴慕他的美，而他的议论在她们看来是稳健难破的。至于雪莱呢，他觉得凡尼温柔而寡言，哲恩热血而强烈，在这两个少年女孩中，他似乎又回到过去的幸福时光里了。）可是，雪莱终于和葛德文的长女玛利出奔，这位主张打破婚姻的枷锁的哲学大师，也心碎了。他写信给他的朋友及约翰·泰罗说："我有一个最令人伤心的故事告诉你，你已经熟识了雪莱这个名字。免得你悬惴不安，我快点告诉你吧！他是一个已婚的男子，却带着我的女儿逃走了。我设想不出比这还要更可怖的事件。"在那两个年轻的人的心头，也受了一种打击，他们叹气道："他，如此值得崇敬的人，竟如此虚伪，唉！哲学呵！"（雪莱和玛利同居，虽然是多灾多难，他却极愉快。他们有同样的趣味，都把自幼至老的一生看作求知的机会。他们读同样的书，常是相偕朗诵。）还有一件近于讽刺的事件，即是凡尼的自杀；葛德文原在《政治的正义论》一书中曾说自杀并非犯罪，但这自杀却是他自己的女儿，那就十分难堪了。至于雪莱呢，他只是表示了单纯的友谊，却来了这样的后果。他说："要了解他人的内心，是如何困难呵！我不知不觉，无心无意就给人造下如此大的痛苦！最深刻的，或最悲伤的情感，朝夕在我的面前。然而我竟无觉察！"对于这位追求自由的人，又是一道最深刻的创痕。

有一回，雪莱在他自己的诗后面，附上了几句道："我简直不忍看自己的诗！这诗所歌颂的人，不是朱诺，只是一片浮云而已。我以为，人时刻有所钟情，无论所钟情为何物；我的错处，我承认，这是凡是囚于血与肉之中的心灵所不易避免的，是在凡俗的躯体中，探求赋有永久性的形象。"这段话，可以说是他对于他自己的剖解了！

《鲁迅的故家》

　　周遐寿（作人）的《鲁迅的故家》，最近出版了。（原名《百草园》杂记，曾在上海《亦报》连载，此集增加了《园的内外》《鲁迅在东京》和《补树书屋旧事》三部分。）这些杂记中，提供了许多研究鲁迅思想生活的重要资料。史家着重直接史料，这才是最可宝贵的直接史料。

　　我们知道鲁迅幼年碰到了家道中落，受着社会的冷淡和他一生的思想有着密切关系。他们的家道何以突然中落呢？他自己只是隐约其词，只说他一个人在家道中落时，才看到人情的冷暖。他是有一段长时期，从高过他身子一半的柜台里的朝奉手中，接了押物的钱，拿到和他身子一样高的柜台上取了药回家的，他深深地体味到社会的冷酷。后来，鲁迅去世了，孙伏园曾在《鲁迅的幼年》说到这件事。说鲁迅的祖父，为了向江苏主考通关节，被苏州知府所发觉，乃逮送北京，拘刑部狱，历七年之久的。此刻看了周作人的追述，才知道伏园所说，只是轮廓不错，细节小目，出入却很大的。"那年乡试，浙江的主考是殷如璋和周锡恩，仿佛又记得副主考是郁昆，但郁是萧山人，所以是不确定的。大概是六七月中，介孚公跑往苏州去拜访他们，因为都是什么同年，却为几个亲戚朋友通关节，随即将出钱人所开一万两银子的期票封在信里，交跟班送到主考的船上去。那跟班是一个乡下人，名叫徐福，因为学会打千请安，口说大人小的，以当'二爷'为职业，被雇带到苏州去办事，据说那时副主考正在主考船上谈天，主人收到了信不立即拆看，先搁下了，打发送信的回去，那二爷嚷了起来，说里边有钱，怎么不给收条？这事便发觉了，送到江苏巡抚那里，交苏州府办理，介孚公知道不能躲藏，不久就去自首，移到杭州，住在司狱司里，一直监候了有七年，至辛丑一月，由刑部尚书薛尤升附片奏请，依照庚子年刑部在狱人犯悉予宽免的例，准许释放，乃于是年二月回家，住在原来的地方。"周家的钱，就在这监候七年中，慢慢被京中大官敲诈干了枯了的；

这位祖父一出狱，他们这些孩子们，也就过着极贫苦的生活。鲁迅自己说过，小时候有一个时期寄食于亲戚家，被人说作乞食，这便是癸巳秋后至甲午夏天的事。（亲戚家即是鲁老太太的母家，那时外祖父早已去世，只是外婆和两房舅舅而已。）

有些朋友，一定要替鲁迅攀上一个革命的门第，那是错误的。鲁迅是生长在赵太爷的家里的，《阿Q正传》里那个秀才或是假洋鬼子，正是周家的子弟。这一方面，读过周作人的杂记，格外可以明白了，所以鲁迅自己就说："自己背着因袭的重担，肩住了黑暗的闸门，放他们到宽阔光明的地方去。"瞿秋白有一段话，说得更好："鲁迅是莱谟斯，是野兽的奶汁喂养大的，是封建宗法社会的逆子，是绅士阶级的贰臣，而同时也是一些浪漫谛克的革命家的诤友！他从他自己的道路回到了狼的怀抱。"（俄国的贵族地主之间，也发展了十二月十四日人物，这是英雄的队伍，他们像罗谟鲁斯和莱谟斯似的，是野兽的奶汁喂养大的。）

鲁迅笔下的人物，可以说是属于破落的门庭的，周作人称之为"台门的败落"。乡下所谓台门，意思是说邸第，是士大夫阶级的住宅，与一般里弄的房屋不同，因此这里边的人，无论贫富老少，称为台门货，也与普通人有点不同。在家景好的时候，可以坐食，及至中落，无法谋生，只有走向没落的一路。根据他们的传统，台门货的出路是这几种，其原有资产，可以做地主或开当铺线店的，当然不在此限。其一是科举，中了举人进士，升官发财，或居乡当绅士。其二是学幕，考试不利，或秀才以上不能进取，改学师爷，称为佐治。其三是学生意，这也限于当铺线店，若绸缎布店以次便不屑干了。可是第一、第二都要多少凭自己的才力，若是书读得不通，或是知识短缺，也就难于成功；至于第三类，也需要有力的后援，而且失业后不易再得，特别是当铺的伙计，普通尊称为朝奉。照这样情形，低不就，高不凑，结果只是坐吃山空，显出那些不可思议的生活化，末了台门分散，混入人丛中不可再见了。论他们的质地，即使不能归田，很可能做个灵巧的工人，或是平店的店伙，可是懒得做或不屑做，这是台门的积习害了他们；其为台门悲剧的人物，原是根本相同的。鲁迅深深了解这一群人的悲剧，所以他的笔下，最成功的便是孔乙己。

若干方面，鲁迅的小说中的人物和故事，和吴敬梓的《儒林外史》最相近。不独孔乙己就是倪廷玺，即阿Q也是台门中败落下来的桐生，并非泥土里打滚的闰土。鲁迅的知识是丰富的，而且是多方面的，可是他对于农民的性格了解得并不深；他对于田野间的生活，也没有直接的经验！所以，鲁迅还只是一个代言人，而不是一个乡土的农民文学作家。

游牧情怀

新近从一本小书里，看到了这么一段话："不知怎的，我们总想从狭隘的房舍和局促的世间跑开，投到大自然怀抱中去。那是追求自由的人间性的奔逸，是追寻解放的心灵的飞跃，是游牧时代，采于山钓于水的散淡人的心情吧！"我想，这也是我们爱看游记之类的小品文字的心理上的原因吧！

昨天，从上海寄来几包旧书中，有小默的《欧游漫忆》和王搏今的《海外杂笔》《海外二笔》，都是很好的游记。小默，以写国际论文著称，其实他的文艺笔触，比他的论文还高出一筹。他曾这么描写维也纳之春："公园里，广场里，墙头上开着各色各样的花，街头卖着，女人的襟上插着各式各样的花，玫瑰、石竹、香水花和丁香。我的寓所离多瑙河不远，晚饭后常趁着微茫的黄昏，踱到河岸散步。南岸的玫瑰蔷薇之圃在盛开着，广袤半亩，缀着紫红、紫绛、鹅黄、绯白的花朵。待到月上时，这千差万别的颜色都渐渐改去，只剩着参差缤纷横斜交织的花枝之影，印在细沙铺成的小径上，而幽暗的香气，更添一点儿清了。有时，踱到更低一层的河干去拣靠近蔷薇之丛的椅子坐下，凝视着那瘦媚微颤的花影，呼吸那浮来的暗香，不独远处的灯光和身前走过一对一对的游人没有觉到，心中且似一无所有。"这是用画人之笔来写静美之境，恬适怡人；而其写威匿思①之雨，维也纳之丁香，都有人与境浑然为一之妙。作者尤善于状女子之美，如写匈牙利的鞑靼女人，威匿思国的美人，都能曲曲传出"天然"的谐和情趣和海波的动的美。而写维也纳舞场一瞥，更是传神阿堵。他写道："音乐转到华尔兹时，起舞的佳人，修长而有曲线的腿轻慢地移着，懒懒披着的长坎肩在微飘着，小而丰富的乳房在颤动着，丰度有点像瑞典明星嘉宝，但没像她那么的颓废，因而添了一点雍容华贵之态。"可是作者的主旨，并不在写这些美的画面，而是写社会

①　今通译为"威尼斯"。

动态时，只是用这些画面来衬托来渲染就是了。他在欧洲的当日，正是大乱的前夕，他眼见一个充满着矛盾的合成体，现在和未来在酣战着呢！

王礼锡先生（搏今）写作《海外杂笔》《海外二笔》，正当他的政治生涯失败以后，以此满纸牢愁，低回不能自已。《二笔》比较侧重社会性的材料，价值亦较高；其中《伦敦速写》《巴黎怀恋记》《列宁城琐记》，都是很好的"速写"。他用新的角度在解剖欧洲的社会，他所见的是这样的伦敦："这个一眼看去似乎无规律的懒散的伦敦市，其文化的装置是很严整的。不过这一切严整的装置，都在资本主义制度之上。其特性第一是一切装置都是为了赚钱，甚至于英王二十五周年登极这类的事情，在伦敦商人是极好的做广告的材料。其第二个特性则是麻醉与欺骗，以维持资本主义制度，以造成战争。""是的，个人主义在这里发展到了极端，同一个房子里面，也许地下室有女人和小孩正要饿死，而楼上的夜会决不会因此而暂时停止欢舞，或放轻其开香槟的响声，这就是伦敦。"

他到莫斯科去的时候，苏联的五年计划已经成功，使他沉入未来的憧憬中。他把伦敦和莫斯科做如次的对照："在英国住得越久越易感到东和西的差异，在欧洲能闻到一些东方气息的，那就是俄国。到英国像是真正另一世界，到俄国就像回到了东方一样，像我一个走马看花的旅客，一到俄国境内就能这样感到，若在此久居当然更能体会。要问这点气息是什么，可难答复，也许是友谊吧？英国的人与人间的关系，是机器的一个牙轮，一根铁条的关系，人与人间的机械连锁很密切，但是冷的，硬的，礼貌的，离索的，总之是无友谊的。俄国却不然。原因当然不是由于人种的差异，或地理的差异，而因为英国是资本主义的老巢，俄国则是资本主义没有浸透就变革了的缘故。"这也可说是深一层的看法。

集中有《巴黎怀恋记》，记一九三五年六月在巴黎举行的国际作家协会，除记载互助馆中的热烈场面以外，还对巴比塞有一段特写；二文都写得非常生动。他着笔的当时，巴比塞已在俄都逝世，他怀念这位著作《火线下》的战士，重述那句有力的呼喊："我不但不曾放弃我从来坚持的主张，并且要拿起武器来为我的主张服役。这个战争的目的，是反对我们的老仇人，不名誉的仇人，默武主义与帝国主义，利剑与长靴。"

王氏的笔致，和刘氏取绝不相同的风格；刘氏长于渲染，使人"感"；王氏长于分析，使人"快"；而同样地熏染了欧洲的风格，各有所成就，则一也。

《你往何处去》

　　读显克微支（波兰小说家）的《你往何处去》，那是二十多年前的事了；其后又看了几次以这一小说为题材的影片，最近又看了《暴君焚城录》。

　　这一影片的中文宣传小册子上，问道："Quo Vadis 这一句话，在影片中哪一景出现？"影片中借着"光"的启示，主附在纳扎罗的身中，说要重回罗马去，和原来的说法是稍有出入的。原来使徒彼得，耐不住尼罗蒂的迫害，和纳扎罗离开了罗马。途中遇见了基督，彼得进问道："你往何处去？"主道："回罗马去！再上一回十字架去！"这才把这句话的本意说出来了。

　　一个革命团体，它从战斗中成长，原是十分艰苦的。基督教是在血与泪交织的被压迫过程中发展起来的。纪元六二年（罗马纪元八一五年）秋天，罗马的一个医生，写信给他驻扎在叙利亚军队的侄儿道："……数日前，有人请我去给一个名叫保罗的病人治病。他似乎是一个犹太血统的罗马市民，受过些教育，态度很文雅。据说他到此处来是为一件由我们的该撒利亚或地中海东部的地方法庭上控的案子。人们说他是一个'野蛮强悍'的人，说他做过反对人民与法律的演讲。但据我看，他是一个很聪明很诚实的人。从前在小亚细亚的军队里的一个朋友告诉我，他听说过关于保罗在以弗所城里宣传一个异教的新上帝的一些事情。我问过我的病人，这话是否是真的，他是否劝过人民反抗我们所爱的皇帝的意志。保罗回答我说：他所说的王国不在这个世界，他又说了许多离奇的话，我都不明白，这大概是因为他的热病的缘故。他的人格给我一个很深的印象，我听说不多几日以前他在奥司丁路上被杀了，很觉难过。我写这信给你的意思，是下次你再到耶路撒冷时，你要调查一下关于我的朋友保罗与那位奇怪的犹太先知（这人好像是他的老师）的事情。我们这里的奴隶对于这位弥赛亚非常热心，其中有几人因为公然讨论那个新的王国（不论它是什么意见）都被钉死在十字架上了。我很愿意知道这些消息的实在情形。"我们生长在要过复活节的世代，再回看一千九百年的罗马人的看法，那是有趣的！

接着，我们不妨再看看那位医生的侄儿的回信，信中说："……七八三或七八四年，彼拉多（犹太与撒玛利亚总督）被调到耶路撒冷来镇压暴动。据说有一个青年（拿撒勒的一个木匠的儿子）在计划对罗马政府革命。他们在实地调查之后，报告说那个木匠是一个很驯良的市民，找不出什么理由来办他。但据约瑟说，犹太教旧派的领袖们心里很不安。他们最忌讳的，是他受大批贫穷的希伯来人的欢迎。这个拿撒勒人公然要求不论希腊人、罗马人或腓利斯丁人，只要他有一个端正的诚实的生活，便与终生研究摩西的古代法律的犹太人无异。彼拉多对于这类话不发生任何感想，但当民众群集庙前要私自处死耶稣，并要杀尽他所有的门徒时，他决意把这个木匠拘留起来，好救他的性命。他似乎没有明白这次冲突的真性质。他每次请教犹太的僧侣们解释他们愤懑的理由，他们总是大声叫唤'邪豹''叛徒'，显得很激动的样子。这时犹太人受僧侣们的激励，发了狂，彼拉多为使国家避免内乱起见，结果牺牲了那个行为端正待敌如友的囚犯约书亚。他便在耶路撒冷群众的笑骂怒号中，被钉死在十字架上了。"这是一位革命先知真正的经历。

这一小说中译本的译作者徐炳昶、乔大壮二先生，他们只怕读者为一般传说所曲解，特在序言提到这一件大事，他们说：这次杀戮，实在是世界上有数的惨剧；基督教人，除了耶稣被钉在十字架以外，就以此次杀戮为最重要的事情了。他们说起，那个时候，基督教里可分为两党：一党是圣徒雅各为首领，他是耶稣的兄弟；但是思想浅淡，还像那些老犹太人，觉得犹太人是天的选民，不愿意同别的民族说话。另一部分，大约要属保罗；他没有国界种界的思想，到处宣传福音。所得的新教徒非常众多。这两党常常互相排斥。至于彼得全无意见；他一方面思想简单，不愿意同守旧派冲突，一方面因为他的性情慈善，对于别的民族和别教的人绝无蔑视的意思。对于受苦难的人民，拿精神感化他们，使他们信奉基督。所以他虽无党纪，却成了中心人物。这么一说，我们对于剧情的进展，更可以了然了。

徐、乔二先生翻译《你往何处去》，代表初期译作家的审慎态度与理解的深切。他们只怕读者不能领会西洋历史上的人情风俗，在序言曾作进一步的诠释。他们说：罗马在希腊文明未到以前，道德观念极为严重，但是很偏狭的。自希腊文明输入，偏狭的道德一天衰颓一天，新道德又未成立。虽有斯多噶派学者的尽力，而新的蜕变终需时日，社会遂成一种怀疑的状态。俾东很可以代表罗马当时的高明社会。他很有学问和聪明，对于一切事物全持怀疑态度。这种薄暮景色，世纪末情调，烦琐哲学的趋向，正是一种文明成熟以后的必然趋势。而尼隆[①]的人生观与艺术观，尤足以代表这种情调。

我们看了这小说和影片，一定觉得尼隆的荒淫横暴，以及罗马人的丧心病狂到这步田地！徐、乔二先生毕竟是博通中西古今之学的，他们就举出（齐）高洋与（金）完颜亮的淫暴例子来，其实南朝君臣，以及明正德这类皇帝，也和尼隆相去不远的。刘宋前废帝为姊山隆公主置面首三十人，纵粪父陵，称叔父湘东王为猪王，欲担付太官屠猪，又令左右逼淫叔祖母杨太妃。后废帝五六岁能缘漆帐竿而上，欲煮药酖太后，画萧道成（领军）腹作箭垛，夜至新安寺偷狗烹食。摄入影片，不也是同样荒唐吗？据徐先生的解释：凡文弱的民族多失于淫侈；武健的民族多失于残暴。如果有一种民族，要从武健蜕变成文弱，那时候他残酷淫侈，兼收并蓄，一定出了不少新鲜的花样。罗马民族，原来是武健严酷，等到希腊的文明输入，已经有向文弱的趋势，尼隆兼宗这两民族的罪恶成了世界一个有名

---

① 现通译为"尼禄"，罗马帝国第五位皇帝。

的恶魔。不唯真正的罗马人痛恨他的淫佚，就是希腊人也不能忍受他的残暴。至于罗马当时的人民，可分为两部分：一部分为罗马的旧民族，因为他们能统治他们所说的全世界，非常骄傲；一部分为被统治的民族，受种种的压迫。社会在这种不平常状态的下面，自然是全受其弊，成了一种病态的社会了。

罗马衰亡，当然是人类的镜子；今日美国的文明，尤其表现在荷里活的艺术中，不也是尼隆人生观的征象吗？

《李师师》

前天，有一位学生，看了鲁迅的《故事新编》，她说看不懂；看不懂是事实。因为，其中包括着本来的故事，以及鲁迅借这故事来作讽刺的含意。本事已经很隔膜，讽刺的本意，更不容易领会，而且鲁迅的讽刺中，又含有另外的本事，如《理水》篇在那儿讽刺顾颉刚和傅斯年，更非这一代的青年所了然的。茅盾也曾写历史小说，有《大泽乡》《豹子头林冲》和《石碣》三篇，他自己以为《大泽乡》显得清切些，我倒欢喜他的《石碣》；不过《石碣》除了运用《水浒》结尾的故事，也还有他所讽刺的对象的，这就涉及民国十六年国共分家以后的世变了。当时，一些朋友读了他的历史小说，也不十分感兴趣。

当年，历史小说写得最好的，该是刘圣旦先生，他曾写了《新堰》（清末农民暴动故事）、《白杨堡》（明末饥民骚动故事）、《突围》（清代白莲教事件）、《诗狱》（清初吕留良之狱）、《北邙山》（南唐亡国前一幕趣剧）五个短篇，汇为《发掘》一书，不过影响不大，只是开风气而已。

历史小说是不容易作的，此中掺不得一个"懒"字，更掺不得一个"粗"字；下笔以前，要和历史学者一样做搜集材料整理材料的工作；也许写三五千字小说，要翻破十百卷史书也说不定的，此于八斗天才的不平凡作家颇不相宜。而且每件史料，早已注入写作史料者的主观色彩，一不小心，我们便被原作者瞒过；写作之前，要经过一番客观的审断工夫，此与但凭直觉伏案冥想的作家也不相宜的。从前福劳贝尔①写《萨朗波》，显克微支写罗马没落期生活成为《你往何处去》，其伟大成就皆基于一点一滴的劳作的。

南山燕（冯明之）先生的《李师师》，便是经过一番劳作的成果。他花了差不多一年的时间，从事史料的发掘、搜罗、比较与整理才动手的，这是历史小说的正轨。

---

① 今通译为"福楼拜"。

作者在前记中说："埋葬在历史里的故事，自然是发掘不尽的，这一点微细的工作，也许可以证明'日光之下并无新事'那句话，接近了真理。至于应如何看法，那自然，各有各的立场，各有各的见地。或者，历史为警告着人们，不要再那么样；但或者历史也在告诉人们，又要那么样了。"历史小说，本来是这么在旧瓶装新酒的。

　　说到中国以往的历史小说，起初并不是文人积意经营，蔚为巨制的。南北宋之间，茶馆的茶博士，凭着他们的道德观、人生观、妇女观、宇宙观，把史料穿插起来，又依着听众的心理敷衍起来，这便是所有讲史小说的起源。茶博士歪曲历史的事实那是必不可免的；其后有好事的文人（罗贯中、施耐庵），再依据史籍修改一番，用自己的道德观、人生观补缀一番，即便成为坊间的讲史小说。《三国演义》《列国志》《残唐五代志》《水浒传》都是这样产生的。亦有茶博士，已经造成有力量的舆论，如《三国演义》最重视关云长，居然成为武圣，种种神异性格和史载绝不相同；文人虽亦明知之，也不敢加以改正了。

　　这种自然发展的历史小说，细微处曲曲描写，事事能引人入胜，乃其长处；取材多错误，批判多迂腐，结构多散漫，乃其短处。我们着手写历史小说，应该采取另一种手法。即如

《三国演义》，当以三国为底本。茶博士的眼光，本不够了解诸葛孔明的人格，也不能领略曹孟德的襟怀；所以写诸葛孔明之风流儒雅，写成了穿八卦衣的道士，写曹孟德之雄才大略，写成轻慢狂暴的小丑；写赤壁之战把指挥若定的周瑜，写成因人成事的跑龙套；把老成持重的鲁肃，写成笨拙如牛的傻瓜。那么妙的题材，我们应该着手重写的。至于黄巾的动乱和张道陵五斗米道的发展，可以写出一幅农村社会动荡的伟大局面。党锢之祸，建安文人生活，正始竹林清谈生活以及佛家思想渗入后的出世生活，可以写成一幅中产士大夫阶级的动乱图案，再穿以政治上种种变动事故，格外可以写得十分热闹了。新的手法的《三国演义》，至少是反映人生的大镜子，这也是大发掘的工作呢！

中国历史上，有几个富有戏剧性的时代：魏晋之际，唐末五代，北宋末年，南明……政治黑暗，民不聊生，士大夫在死亡线上挣扎，加上外患突来，闹出了亡国的悲剧。我们生在这个世代，以古为鉴，几乎每一末代的场面，都有些影子相似的。

南山燕以李师师的一生来贯串北宋末代的兴亡惨劫，有如孔尚任之《桃花扇》之以李香君为中心，写南明败亡之迹，古今同慨！他从许多笔记中找寻李师师的生平事迹，他着眼北宋末年的学生运动，发现了吕将、陈东、朱梦说那些人的可歌可泣的英雄事迹。他觉得在那群人物的身上，深深地蕴藏着今古汉族的不屈的精神。他说："他们是善良的，痛苦的，他们不断地处在彷徨之中，不断地在历史的长夜里做着黑暗中的摸索，也正如近百年来饱受灾难的许多中国人一样。"他就把李师师这个人物作为中心，写成一个故事，反映北宋末年整个社会动乱的全貌，表现出宋代的爱国运动、学生运动、农民战争与异族战争的大画面。

李师师是不是一个伟大的人物呢？我们也不必去说，她正如赛金花一样，刚好是串在这一时代图景中的悲剧人物，她是渲染以绮丽的彩色，使时代格外突出，使我们后人低回不能自已就是了。你想当年秦少游赠李师师的词句，就有"簪髻你抛，偎人不起，弹泪唱新词"之语，何况今日呢！

《海外异闻录》

　　石印本《海外异闻录》，题赤山畸士（原名张赤山，杭州人）辑。正集上下两卷，续集上下两卷，共四册。清光绪三十三年（一九〇七）出版。正集上卷全系《伊索寓言》的译本，另有夏剑峰书后，说是："西泠张君赤山，读有用书，通中西学，关怀时务，固亦斯世有心人也。……近出《海国妙喻》一册，以谈笑诙谐寓劝惩要旨，……洵为有功世道之作！"我把他的译本和一八四〇年广东出版的《意拾蒙引》及一六二五年西安出版的《况义》对照一下，这本庚子后七年的译本，无论译笔或见解，并不见比百年前的和三百年前的译本有什么进步。

谢懋明《况义》跋云："……凡立言者，其言粹然，其言凛然，莫不归之于中。至于各方诱劝，则比之为用居多；是故或和而庄，或宽而密，或罕譬而喻，能使读之者迁善远罪而不自知。……后有读者取其意而悟之，其于先生立言之旨思过半矣。"

他的说教用意，在张赤山的《海外异闻录》里一样地保存着。张赤山自序云：

> ……人闻正言法语，辄奄奄欲睡，听如不听，亦人之恒情，曷若以笑语俗言警怵之激励之，能中其偏私蒙昧贪痴之病，则庶乎知惭改悔，勉为善良矣。

这样拉长了面孔，好像一书可以兴邦，世道人心由我而正，倒是伊索写寓言的好题材呢！

前后几个译人，都把自己从圣经贤传所得的概念，硬生生戴在伊索的头上，派定纪元前六世纪的希腊文人是孔孟的徒党，拙笨得有点幽默。我从前读《葡萄味酸》那则故事，亦颇爱好，而张赤山的译文里，变成这样一种货色：

葡萄味苦

昔有一狐，见葡萄满架，已经成熟，仰观万紫千红，累累可爱，垂涎久之。奈乏猱升之技，不能任性朵颐。望甚则怨，怨甚则怒，怒甚则诽谤訾诬，无所不至。乃口是心非，勉强自慰曰："似此葡萄，尚未成熟，绝非贵重之品，罕有之物。况其苦涩异常，我从不下咽，彼庸夫俗子，方以之为食也！"如此世间卑鄙之辈，见人安富尊荣，才德出众，高不可攀，自顾万不能到此地步；反谓富贵荣华苦累无限，诋毁交加，满心妒忌，出口臭硬，假意清高。噫，是谓拂人之性，违心之谈！由此推之，此人亦必是幸灾乐祸者。

把一节极有意思的寓言，译成这样索然无味的东西，天下真不少点金成铁手也！

相传道光年间《意拾蒙引》出版后，风行一时，大家都津津乐道；后来为一个大官所知，他说："这里是一定说着我们。"遂令将这部寓言列入违碍书目。现在总算进步了，猫狗对话虽有人认为不妥，《伊索寓言》毕竟不列入违碍书目中了！

《海外异闻录》　　161

《西厢》话

胡应《甲乙剩言》说安平风俗，男女如厕，皆用瓦砾代纸，非常污秽。安平，晋唐间为博陵县，正是崔莺莺的本乡。有人为莺莺担忧，那么一个大家闺秀，若也用瓦砾代纸，似乎太煞风景。胡应引《北齐书》载北齐文宣帝如厕用厕筹，又引《三藏律部》载比丘如厕，亦用厕筹，断定莺莺如厕，也非用瓦砾不可。使风雅者为之废书三叹。拭秽的事，马来人用左手，蒙古人用草绳，农村用树叶，用稻秆的，和用瓦砾的相去本不甚远。习俗如此，佳人不能自外，也许张君瑞和辜鸿铭一样有癖好，反而觉得那样的"妙处"更妙，亦未可知呢。我常见摩登小姐穿高跟鞋着旗袍，背黄袋上灵隐寺烧香，她们在家里，自必坐抽水马桶，用卫生纸拭秽；我觉得她们还是裹小脚用瓦砾拭秽来得相称些。

谈《西厢》的都从"淫""不淫"上头立论，归元恭见金圣叹批《西厢记》，便谓此为诲淫之书，惑人心，坏风俗，其罪不可胜诛。金圣叹则谓《西厢》为天下之至文，谁说《西厢》是淫书，便得入拔舌地狱。许多矮子看戏的评论家，就跟在归、金后头说个不清。我却觉得张君瑞无耻，他又不像欧洲中世纪的武士，凭着自己的宝剑和妖魔、强人或情敌去决斗，把美人的心赢了过来；只靠自己一位朋友做军官，写了一封信讨救兵来解了围；连讨救兵都不能自己出马，要靠烧火和尚打出围去，真比吉诃德先生都不如，有什么威风？这是知识分子的典型人物，肩不能挑，手不能提，但是说"才子"要配"佳人"。我若做莺莺，宁愿给孙飞虎做压寨夫人，决不跟张君瑞那脓包相爱。自然，郑恒那公子哥儿更不中用！

徐增《才子必读·叙》说金圣叹曾评过《董西厢》，只评了十之四五，尚未成书，这也是怪事。金圣叹评书，胆子很大，可是全无史的眼光，不懂文学流变的过程。北曲作家，关汉卿的地位在王实甫之上，金圣叹偏说《西厢记》王作关续，把关汉卿评得一钱不值。《西厢记》故事，由赵德麟商调鼓子词一直下来，作者前后沿用，用不着创作。《董西厢》敷衍故事，局面已定，以后用这故事的，决不会到草桥惊梦为止。谁作谁续，明人眼光如豆，乃有许多瞎说。金圣叹既评过《董西厢》，还会说王作关续，所以我觉得是怪事。

即空观主人《西厢记·凡例》说："北《西厢》相沿以为王实甫撰。"王元美《后言》则云："《西厢》久传为关汉卿撰，迩来乃有以为王实甫者，谓至邮亭梦为止。又云至'碧云天，黄花地'而止，此后乃汉卿所补也。"徐士范《重刻〈西厢〉》则云："人皆以为关汉卿，而不知有实甫；盖自草桥梦以前，作于实甫，而其后则汉卿续成之者。"更又不知何据？元人咏《西厢》词，《煞》云："董解元古词章，关汉卿新腔韵。参订《西厢》的本，晚进王生多议论，把围棋增。"则似谓汉卿翻董弹词而为此记，实甫止围棋一折耳，于五本无涉也。又《满庭芳》云："王家好忙，沽名钓誉，续短添长，别人肉贴在你腮颊上。"又似乎王续关者。盖当时关之名盛于王也，亦无从考定矣。就元明人的话来看，元人多主关汉卿作，明人则游离其辞；至明末则王作关续之说乃渐固定。顾颉刚《考古史》谓："我们看史迹的整理还轻，而看传说的经历却重，凡是一件史事，应看他最先是怎样，以后逐步逐步地变迁是怎样。"有人要看《西厢记》的发展，也得用顾氏的方法。

《夜读抄》

……自己觉得文士早已歇业了，现在如要分类，找一个冠冕的名称，仿佛可以称作爱智者，此只是说对于天地万物尚有些兴趣，想要知道他的一点情形而已。目下在想取而不想给，此或者亦正合于圣人的戒之在得的一句话罢。不佞自审日常行动与许多人一样，并不消极，只是相信空言无补，故少说话耳。大约长沮、桀溺辈亦是如此，他们仍在耕田，与孔仲尼不同者只是不讲学，其与仲尼之同为儒家盖无疑也。……

———《与侵君》（页三一一）

我对于启明先生的敬意，不自今日始；他的每一种散文集必比前一种更醇厚深切，更合我个人的口味，愈益增加我的敬慕之情。但就一般青年讲，逐渐逐渐和他的兴趣相远，几乎不能领悟周先生的襟怀，有人简直以为启明先生消极了，会写信去责备他。周先生说："实在我的态度还与写《自己的园地》时差不多是一样。我仍旧不觉得文字与人心世道有什么相关。'我不信世上有一部经典，可以千百年来当人类的教训的。只有记载生物的生活现象的 Biologie 才可供我们参考，定人类行为的标准。'"周先生自己不肯承认消极，自己说目前的态度还是与写《自己的园地》时候差不多是一样；但青年们为什么不这样想这样看呢？我不禁想起周先生说过"常常坐首席，渐渐进祠堂"那句笑话来，因为周先生所修都是不朽的胜业，只能"藏之名山，传之其人"，自然和青年们逐渐相远了。

　　提起启明先生，我就想到郑康成、郑渔仲、顾亭林那些人，蚂蚁蜜蜂般勤劬作业，"述先圣之元意，整百家之不齐"，而谦抑自下，"然若无所有"。周先生常说能有一天做得《颜氏家训》那么一篇二篇、一节二节，就够满意了；若颜之推生在现代，能不避席自惭吗？《夜读抄》大部分是周先生谈他读过的书；周先生读书，没有半点冬烘气，懂得体会得，如故交相叙，一句是一句，两句是两句，切切实实地说一番。《夜读抄》所提到的那几种书：李元《蠕范》，闲园鞠农《一岁货声》，顾禄《清嘉录》，无名氏编《五老小简》，西湖花影翁《花镜》，叶天寥《甲行日注》，谑庵《文饭小品》，王侃《江州笔谈》，谢在杭《五杂俎》，钱步曾《百廿虫吟》，都不是什么大著作，长长短短，都说到一点；原不是影戤牌头，借此装点自己门面。正如树荫底下闲谈，说起故交消息，好好坏坏，夹杂批评一点，自觉亲切有味。不必如京中人开口不离大人先生厚我厚我，闻声便作三日呕。周先生说："总之，我不想说谎话。……所说的话有的说得清朗，有的说得阴沉，有的邪曲，有的雅正，似乎很不一律，但是一样的是我所知道的实话，这是我可以保证的。"知之为知之，不知为不知，老老实实说实话，此其所以可爱。自来富贵人家，欢喜夸耀富有，把那几块破铜烂铁当作稀世珍宝，内行人乃不觉肚子里失笑，学周先生夜读，听说颇有其人；贾环写字，装腔作势，真为"风雅"二字叹息！

中国古书，总是支离破碎，只可用作谈助。北朝颜之推最通达人情，周先生说《家训》"意思平实，文辞简要和易"，自是不可及处。不过我读了周先生所举的《兰学事始》，觉得中国古书，都是土苴，拉杂摧烧之，也不足惜。我以为东西各国的著作，振刷精神，洗发情理，无一不在古书之上；抑中扬西，可说是我的小小反动。《兰学事始》叙述日本维新以前，杉田玄白与前野良泽苦心译读荷兰解剖学的故事（菊池宽曾用此故事写成小说）。上卷记述当日事实道：

次日集于良泽家，互语前日之事，乃共对 Tafel Anatomia 之书，如乘无舵之舟泛于大海，茫洋无可倚托，但觉茫然而已。唯良泽对于此道向曾留意，远赴长崎，略知兰语并章句语脉间事，年长于予者十岁，乃定为盟主，亦即奉为先生。……译述此书应如何下手，先加以讨论。……其时对于 de het als welk 等诸词，虽略有记诵，然不能仔细辨解，故常读之不解所谓。如眉者生于目上之毛也一句，尽春天的长昼终未明了，苦思直至日暮，互相睊视，仅只一二寸的文章终于一行不能解。……然语有之，为事在人，成事在天，如此苦心劳思，辛勤从事，每月凡六七会，每会必集，一无倦怠，相聚译读，所谓不昧者心，凡历一年余，译语渐增，对于彼国事情亦渐自了解，其后如章句疏朗处一日可读十行以上，别无劳苦而能通其意义矣。

这种求智先驱者的悲壮言行，对于因循苟且浮夸自大的国人，该有什么感触！福泽谕吉序云："书中纪事字字皆辛苦，……我辈读之，察先人之苦心，惊其刚勇，感其诚挚，未尝不感极而泣！"我那天心中就有这么冥冥跃动不可解的情绪。常读玄奘求经译经故事，那艰苦的历程使人不觉振发，想到近百年来民族精神的萎靡，真是可怕得很；周先生说："从这里看来，中国在学问上求知识的活动上早已经战败了，直在乾嘉时代，不必等到光绪甲午才知道。然而在现今说这话，恐怕还不大有人相信，亦未可知。"这是多么深的感慨！

周先生欢喜长沮、桀溺，长沮、桀溺耕田不讲学，当然"并不消极"。吴敬梓写《儒林外史》，末后殿以四个人物：一个会写字的，一个卖火纸筒的，一个开茶馆的，一个做裁缝的，都是切切实实自食其力，不乐与士人往还的。但理想只是理想，连到长沮、桀溺的牛都从农村赶到都市里来，"辟人之士"固无法可从，"辟世之士"更无法可从了。以我对于周先生的敬慕，但我目前绝不敢信长沮、桀溺仍在耕田的事在"此刻当今"还是可能的！

苦茶

朱自清先生说周作人先生的读书记最不可及："有其淹博的学识，就没有他那通达的见地，而胸中通达的，又缺少学识；两者难得如周先生那样兼全的。"周先生最珍重颜之推的《家训》，以时代环境、文章风格、处世态度论，两人亦最相近。卢文弨序《颜氏家训》，谓之"委曲近情，纤悉周备，立身之要，处世之宜，为学之方，盖莫善于是书"。移以评周氏诸作，也很得当。

读书最难；读书是把别人的思想历程重新走过一遍，不知不觉会成为别人思想的俘虏。把别人的思想砖头在自己的周围砌成一堵墙头，把自己关在里面；这样的书痴子，他就永世不会写一篇像样的文章。周作人先生读了别人的书，经历了别人的思想历程，又能把别人的思想历程排遣掉，组成自己的思想系统，所以那么明白事理，通达人情。他的读书记，如《伟大的捕风》、《体罚》(《看云集》)，如《荣光之王》(《永日集》)，如《颜氏学记》、《兰学事始》(《夜读抄》)，如《杨柳》、《关于孟母》(《苦茶随笔》)，说来头头是道，全不费力，掩卷细想，自有深味。唐宋文人亦爱作读书记，如韩退之的《张中丞传后序》《读荀子》，曾子固的《战国策序》也颇作得好，总嫌做作得太厉害，回味就差得多。(明末袁中郎装腔谈禅，即可作呕。)学问深到自知浅陋时，不会冒不知以为知，方可谈学问。周作人先生的散文新集《苦茶随笔》最近在北新出版；这回虽因受了上海方面一点刺激，时常夹些牢骚语，仍不失其隽永风格，和《夜读抄》一样可爱。

不过从书卷中出的，脱不了有书卷气。如《关于苦茶》一则就不甚正确。苦丁茶系山中野茶，叶较龙井一类青茶都厚大得多。不宜浓喝，宜取三五片泡山泉坐松树中喝之，较龙井更有回味。此种生活宜实际体验，即如周先生之渊博，翻破五车书亦无用。山居垦荒农人喝苦丁茶，并不求风雅，也不必"袁中郎"为下赞语也。

《故事新编》

　　鲁迅先生的《故事新编》出版以后，好多人谈论过。最初谈论那篇刊在《海燕》上的《出关》。后来《理水》《采薇》《非攻》那几篇有很多人在议论。前几天，看见一封鲁迅先生的原信，他说，他写文章并不一定拿某一个人做模型，加以讽刺，常是东取一枝，西取一节，凑合拢来，成这样一个对象，不能说是指某某人而言的（大意如此）。我觉得他的话，倒是作历史小品的人所要十分注意；拿历史上的故事重新渲染一过，使他具有现代性，我们写历史小说或历史小品的大概都这样做。古今人的性格，因为环境不同，自有其差别，我们把人物放在本来环境中去观察，看他的个性是怎样形成的。但人类亦有其共通的性格，某一类人物，我们可以借镜于现代的某一种人，用某一种人做底子，再来着笔，大致不会很差的。

即以"吃卢布"这类谣传为例，先前在民国十三四年间是指说徐谦、顾孟余、李石曾那些人，近十年来，又转换了一些人，这情形也仿佛终古不变。推想起来，古代未始没有这种情形。鲁迅先生就把这写入《采薇》的故事中，伯夷、叔齐已经在首阳山饿死了，缩作一团，死在山背后的石洞里，死的时候已经瘦得很了。关于他们的死，有人说是老死，有人说是病死，有人说是给抢羊皮袍子的强盗杀死，又有人说其实是故意饿死的。可是小丙君府上的鸦头阿金姐却说：

> 老天爷的心肠是顶好的，他看见他们的撒赖，快
> 要饿死了，就吩咐母鹿，用它的奶去喂他们。您瞧，
> 这不是顶好的福气吗？用不着种地，用不着砍柴，只
> 要坐着，就天天有鹿奶自己送到你嘴里来。可是贼骨
> 头不识抬举，那老三，他叫什么呀，得步进步，喝鹿
> 奶还不够了。他喝着鹿奶，心里想，"这鹿有这么胖，
> 杀它来吃，味道一定是不坏的。"一面就慢慢地伸开

臂膊，要去拿石片。可不知道鹿是通灵的东西，它已经知道了人的心思，立刻一溜烟逃走了。老天爷也讨厌他们的贪嘴，叫母鹿从此不要去，您瞧，他们还不只好饿死吗？

拿散布吃卢布传说的人的卑劣心理做底子，就可以写成一个很像样的阿金姐，而阿金姐是活在三千年前的时代中的，就她的环境再去想象她的措辞，所以鲁迅先生笔下的阿金姐又活在我们眼前了。

前几年，我从朋友处听到福建事变中几个卖友的故事，忽然想起清初陈梦雷（《古今图书集成》的作者）和李光地间的纠纷，我就写了一篇《陈梦雷》。用史事来述说今事；前后相隔三百年，可是彼此情节太相像了。昨翻《资治通鉴》，看见单固、杨康的故事，他们二人同为令狐愚的心腹。杨康自己应司徒辟，至洛阳，就向司马懿告发令狐愚的隐事，牵连单固，全家被逮。杨康自以为邀赏可得封侯，司马懿因为他亦有嫌疑，一同付斩。上法场的时候，单固骂杨康道："老奴，汝死自分耳！若令死者有知，汝何面目以行地下乎？"这情形，不独和李光地卖友求荣的故事完全相同，也和二千年后福建事变的故事若合符节。我只要写一段杨康卖友的历史小品，也就等于用陈梦雷故事，或福建事变中某故事做题材了。杨康这类人并不曾死，我们只要把眼前的人做底子，也就可以写出一个活的杨康了。

此之谓"故事新编"。

《平屋杂文》

　　夏丏尊先生的文章，和他的为人一样，属于"淡远"一路。

　　我真正认识夏先生之为人，远在做他的学生之后。民国十五年的冬天，北伐军攻克九江的消息，对于我们做小党员的是怎样一种兴奋剂，许多沮丧绝望的青年都振作起来，要去参加革命工作。友人吴亮，那时正在彷徨不决之中；他想加入国民党，投考黄埔军官学校，又舍不得他那白发萧萧的老父。夏先生往暨南上课，照例在吴君处休息，吴君又和我商量了好几回，决定和夏先生谈谈，请夏先生指导一条出路。吴君告诉我，照夏先生的意思，若没有深切的认识，确定的信仰，还以不入党为是。还有很多的话，吴君不十分领会，据我推测：夏先生是说对于革命不能期望太大，热烈的期望，会得到极端的失望。吴君后来还是向他所认为光明的去处去，流转于广州、汉口、南昌之间，一年有余。当他在南昌时，已由国民党员变为共产党员；一直行踪不明，相传已死于广州市医院，身上中了好多枪。他虽不走夏先生所指导的路，但夏先生的话对于他有间接的影响，他果然殉他自己的信仰而死。

在革命狂潮中，夏先生不叫我们盲从、投机，他自己也不盲从、投机；比之古人，可以说是东汉郭泰、申屠蟠一流人。国民革命事业的失败，原因当然很多，给盲从投机的分子误了大事，也是主因之一。像我们那样闻攻占九江的消息，喜而不寐，笑夏先生的没有热情，现在想来，却正是夏先生的不可及。我以这样的心眼来读夏先生的《平屋杂文》，也许有会心之处。

《平屋杂文》那三十多个短篇，大半是写中年人感伤的零星故实，这气氛和鲁迅先生的《朝花夕拾》极相似，不过看夏先生的，如吸水烟，很少辣味了。夏先生的态度并不消极，当然也不积极；正如他在《命相家》篇所说：

我对他说"就快交运""向西北方走"……是给他一种希望。人没有希望，活着很是苦痛，现社会到处使人绝望，要找希望，恐怕只有到我们这里来，花一两块钱来买一个希望，虽然不一定准确可靠，究竟比没有希望好。

夏先生认识知识阶级的本身，意外的战斗力那么薄弱。"他们上层的大概右倾，下层的大概左倾，右倾的不必说，左倾的也无实力。他们决不能与任何阶级反抗，只好献媚于别的阶级，把秋波向左送，或右送，以苟延其残喘而已。"他看穿了知识分子在不一定准确可靠的希望上挣扎下去，这就看穿了他自己的命运，因此"感伤"就为他的文章中的主要情调了。

《怯弱者》《猫》和《长闲》那几个短篇，都写得很好。《怯弱者》的主人公，他自己的亲兄弟病得极危险了，心里觉得非去看一看不可；又怕传染什么，不敢去，打了百个主意，还是没有着落。老四批评他："世间有你这样的人，还说是读书的，遇事既要躲避，又放不下，老是这样黏缠。"这是一针见血的话。老五不久果然死了，他又觉得错过了兄弟的最后一会儿，于心总有些不安。当他携了香烛到斜桥绍兴会馆去吊那死去了的老五，在棺前"不禁在心里默呼了一声，鞠下躬去，泫然得要落下泪来，满想对棺祷诉，终于不敢久立，就飞步地跑了出来"。这都写得非常曲折动人。尤其写他离会馆时心内要说的那几句话："老五，对不住你，你是一向知道我的，现在应更知道我了。"更画出知识分子的灵魂来。

《平屋杂文》中有一部分小论文，如《闻歌有感》《对了米莱的晚钟》，不独主张非常积极，风格也稍微有点不同，夏先生毕竟是五四运动过来的人，对于社会问题的看法，对于旧伦理道德的看法，经过一度扬弃，前进的意识是很明显的。我们在夏先生的《妇女运动观》中，看到如次的结论：

> 爱与劳动的一致融合，真是希望的。男女都应以此为理想，我希望有这么一天：女性能物质地不做男性的奴隶，在两性的爱上，划去那寄食的不良分子，实现男女协同的生产与文化。

这当然是非常可喜的。

夏先生在《中年的寂寞》中说："一到中年，常不禁会感觉到难以名言的寂寞的情味。尤其觉得难堪的，是知友的逐渐减少和疏远，缺乏交际上的温暖的慰藉。"我们懂得这个，就可以懂得他为什么念念不忘那白马湖的平屋了。读书人大概都有"得一小楼，清闲幽寂，可以读书"的小小愿望，我所亲知的师友中，就有好几个自名其书斋为"平屋""白屋"这样的朴素名号的，这也许亦是一种寂寞吧！

羊头村

显克微支（Henryk Sienkiewicz）的《炭画》，批评家勃兰兑思（Brandes）许为上乘的作品。（有周作人先生译本，初在文明书局出版，后来在北新书局重印。）作者以轻妙诙谐之笔，写民间疾苦，使我们格外觉得悲痛；我没有看见过比这更深刻的小说。

书中写羊头村村会书记淑什克，他凭借那优越的地位来愚弄村民来服夫妇，在那个小圈子里，淑什克自然是最博学有智慧的代表人物，他念念不忘那朴野的木匠来服的妻子玛利萨；他的灵魂为玛利萨的美貌所摄，他要占有她。适值上峰来了征兵令，村长卢肥的长子，姓氏在兵役册中，按例要服兵役。淑什克以为机会到来了，他到来服家里去威慑玛利萨，说来服已经列名兵役册，只要她肯和他接吻，他可以设法免役。玛利萨严拒不允，淑什克刚要强迫她服从，他的后股又为来服家的猛犬所咬伤，只得狼狈而退。淑什克在病榻上，决定报复的计划，他把来服补入兵役册来代替村长长子的名额；又和村长计诱来服去酗酒，在狂醉中使来服在一张代人役兵的契约上签了字。淑什克一面报了私怨，一面得了村长的酬金，心中十分得意。那位老实的木匠来服，醒后知道被淑什克所卖，精神错乱，成为狂人，天天酗酒不已。那位美貌的玛利萨，为她的丈夫到处呼冤，诉之于村会法庭，村会反而判她的丈夫拘役二日，罚金两个半卢布；诉之于她自己的地主，那地主说他久已不管闲事；诉之于城里的长官，她连衙门都找不到；找到了长官，又期期艾艾半句话也说不出来。那质朴的心，毕竟没人理会她；无可奈何，她听了酒店老板式穆尔的指示，唯有淑什克可以救助她的丈夫，她为着拯救自己的丈夫，只好让淑什克满足他的欲望。等到她从淑什克的家里出来，她的丈夫来服已经准备着利斧，叫她祷告了，再横在利斧的底下，这样就完结了。这样描写愚夫愚妇的黑暗命运，描写乡村自治团体里——自官吏、议员以至于乞丐的种种罪恶，虽是极平常的人间事，并不加以半点夸张，而读者无不凄然泪下，真是感动人呀。

　　周作人先生翻译这本书的时候，正当清朝政府要用立宪政体来牢笼人民，消弭革命势力的时候。那时各地立些不三不四的自治团体，其情形和《炭画》里所说大致差不多。我们读了《炭画》，并不觉得那是波兰的农村，而是中国农村的真实写照，天下乌鸦真是一般黑呢。

民族诗人

　　波兰显克微支所作最著名的短篇小说《灯台守》里，写一个做灯台守者的老人，在荒岛中读了密茨凯维支的诗篇，爱国情绪突然亢进。我最近翻读黄公度的《人境庐诗草》，也有同一的感想。每当内忧外患时，我总抽出《人境庐诗草》来，读了又读，让它来替我宣泄一点胸头的悲愤。他的时代环境，和我们十分相同，只是眼前的局面，比那时更要急些。我推想他一生的情绪，没有一天平静过，时而恐慌，时而激昂，时而沮丧绝望，他的诗能够摄时代的情绪，可以和屈原《离骚》，杜甫"三吏""三别"，同垂不朽。

黄遵宪幼年时，他的家乡嘉应州曾经两次经过太平军的战乱，《送女弟》诗云："吾家本富饶，频岁遭乱离。累叶积珠翠，历劫无一遗。"《二十初度》云："我生遂多事，臣壮不如人。离乱艰难际，穷愁现在身。……"是当时的实情，他所遭遇的丧乱环境和杜甫遭逢天宝之乱极相似，但黄遵宪所感受外交失败的刺激，比乱离的刺激重得多，民族兴亡的感慨，比身世浮沉的感慨深得多。英法联军入北京，订立城下之盟，日本攻取琉球，收为冲绳县，法攻安南，占安南为属地；这重重国耻，燃起他的爱国狂热，使他成为爱国诗人。我们试读"岂欲珠崖弃，其如城下盟！帆樯通万国，壁垒逼三城。"（《香港感怀》）"六州谁铸错？一恸失燕脂！"（《香港感怀》）"天地忽踣踬，人鬼共咀嚼。皇华与大汉，第供异族虐。不如黑奴蠢，随处安浑噩！……倒倾四海水，此耻难洗濯！"（《逐客篇》）那些诗句，想起老大民族的穷蹙运命，帝国主义的侵迫势焰，也不禁随着作者一同呼号悲鸣了！

　　到了黄遵宪的壮年，国难日深，他亲眼看见十万大兵，平壤一战，便鸟飞兽散，溃不成军；又见十数年国家所经营的北洋海军，一败于东沟，再败于旅顺，最后在威海卫全军覆没。当时的文臣，空谈误国，当时的武将，怯懦畏敌；还有吴大澄一类丑角，串演免死牌一类喜剧。在黄遵宪笔下，有《悲平壤》《东沟行》《哀旅顺》《哭威海》《降将军歌》《度辽将军歌》那一串泪尽以血的叙事诗。乙未在马关签订了辱国条约，公然割让了台湾，我们的诗人悲愤极了，他呼号道：

城头逢逢雷大鼓，苍天苍天泪如雨，倭人竟割台湾去！当初版图入天府，天威远及日出处。我高我曾我祖父，艾杀蓬蒿来此土。糖霜茗雪千亿树，岁课金钱无万数。天胡弃我天何怒，取我脂膏供仇虏！……

但是国家的情势，甲午以后，更严重了。有人以为在均势之下，可以偷安一时，明眼的人，早知道亡国灭种的大祸便在眼前了。黄遵宪《感愤》诗云：

一自珠崖弃，纷纷各效尤。瓜分唯客听，薪尽向予求。

秦楚纵横日，幽燕十六州。未闻南北海，处处扼咽喉。

弱肉供强食，人人虎口危。无边画瓯脱，有地尽华离。

争问三分鼎，横张十字旗。波兰与天竺，后患更谁知。

这是他对于中国国运的预言。

帝国主义者的联合压迫，以庚子联军为总结穴，国人以赤手空拳的精神文明来抵抗西洋人兵舰大炮的物质文明的迷梦，也以庚子变乱为总结穴。黄遵宪痛心于戊戌政变，闭门远祸，变成"三年缄口讳维新"的人。关于庚子变乱，他以啼笑俱非的态度，写了许多纪实的诗，无句不是血泪。如《寄怀邱仲阏》诗："哀弦怕听家山破，醇酒还愁来日难！"《感事又寄邱仲阏》诗："石破莫惊天压己，陆沉可有地埋忧？"《述闻》第七首："揖盗开门终自误，虐臣衅鼓果何心。当时变政翻新案，早使忧臣泪满襟！"沉哀深痛，跃然纸上。又如《聂将军歌》，抒写聂士成奋勇杀敌，终以"外有虎豹内豺狼"，兵败身亡，"出师未捷身先死，长使英雄泪满襟！"他的呼号，便是全民族的呼号，他的血泪，便是全民族的血泪，黄遵宪，正是我们中华民族的民族诗人！

张孝若的遗著

张孝若被他家中的老仆枪杀了，烜赫一时的四公子之一，落到这样不幸的遭遇。他一生的事业似乎值得注意的很少，他的著作也仅仅有一部在中华书局出版的《南通张季直先生传记》。

这部传记有胡适的序，序中说孝若作先传，有几桩很重要的资格：一、他一生最爱敬崇拜他的先人，所以他的工作便成了爱的工作；二、他生在这个新史学萌芽的时代，受了近代学者的影响，知道做家传便是供国史的材料，知道爱先人莫过于说真话；三、他这回决定用白话作先传，决定打破一切古文家的碑传方法。张孝若也说："我写这篇传记，很取法于胡适之先生所编的《章实斋先生年谱》。我认为可以表现一个人的思想主张行事的地方，在他的著作内，都择要摘录出来。"张季直，胡适许为失败的英雄，他的生平，和中国几十年的政治社会都有密切关系。张孝若以最适当的做传人来作这传记，应该有很好的成就。

全传搜罗材料非常丰富；每个大事件连起来，他的父亲怎样的地位，贡献了什么意见，什么计划，后来那事件的结局怎样，原原本本都有详尽的记载，这使读者能一目了然于他父亲的人格才能，的确是一部好传记。我在十年前，由于《晶报》的介绍，特地去买袁寒云的《洹上家乘》来看，以寒云的才情，处公子的优越地位，写那么一个时代中心人物——袁世凯，会那么窳陋无聊，以《洹上家乘》来比《张季直传记》，我们更该满意于张孝若的手笔了。张孝若年纪很轻，行文很多噜苏，而且爱发议论，有许多幼稚可笑的地方。传记所引"诗文"太多，他既编了《张季子九录》，征引原文就不必那么多。间或引用一段，下面注明出处，就很够了。如第三编第九章所附的挽联，占四面地位，并没有什么意义。又如第三编第十章第十一章，占一百面地位，更是累赘。作史难于剪裁，这传记在剪裁上大可斟酌。

其次，年谱和年表二项可以合并为一。依我的私见，传记正文上那些小标题，可删去，把年表中政局大事中材料，分别排在顶格，使读者可以参看，最为便利。

《雅舍小品》

现代散文作家中，王了一、梁实秋二先生都有其清新的风格。他们懂得幽默的风趣，在最寻常的人生百态中体味到人世间最深沉的悲哀。王先生在他的《龙虫并雕斋琐语》序文中说："不管雕得好不好，在这大时代，男儿不能上马杀贼，下马做露布，而偏有闲工夫去雕虫，恐怕总不免一种罪名。所谓'轻松'，所谓'软性'，和标语口号的性质太相反了。不过，关于这点，不管是不是强词夺理，我们总得为自己辩护几句。世间尽有描红式的标语和双簧式的口号，也尽有血泪写成的软性文章。潇湘馆的鹦鹉虽会唱两句葬花诗，毕竟它的伤心是假的；倒反是'满纸荒唐言'的文章，如果遇着了明眼人，还可以看出'一把辛酸泪'来！"他们有时也热嘲一番，大体都是"隐讽"——所谓隐讽，其妙在隐，要使你不知道这是讽，才可以收潜移默化之功。

梁实秋的小品，初期刊载于《新月》，已经晶莹可喜；后来在《星期评论》连续刊载，题名《雅舍小品》，写大西南都市的社会相，风趣环生。后来在《世纪评论》也连刊了许多篇，作风还是相同的。他之所以自称为"雅舍"，其实只是一间陋室。"我有一几一椅一榻酣睡写读，均已有着，我亦不复他求。雅舍所有，毫无新奇，但一物一事安排布置，俱不从俗，人入我室，即知此是我室。""室雅何须大"，"纵然不能蔽风雨，'雅舍'还是自有它的个性。有个性就可爱。"他的《雅舍小品》，也和王先生《琐语》一般，乃是有其个性而可爱的作品。

梁先生说了许多受洋罪的有意味的故事，如万愚节，如握手，反映着西方文化在东方的变质，说给我们这些住在香港的朋友听，更有会心一笑之处。他有一篇《论脸谱》，说："古人云'人心不同，各如其面'，我们不能不叹服人类创造者的技巧的神奇，差不多的五官七窍，但是部位配合，变化无穷，比七巧板复杂多了。……不要以为一个人只有一张脸。女人不必说，常常上帝给她一张脸，她自己另造了一张。不涂脂粉的男人的脸，也有'卷帘'一格，双面摆着一副面孔，在适当的时候呱嗒一声，如帘子一般卷起，另露出一副面孔。"人情看冷暖，我们闭目一想，这一类人的嘴脸不就够瞧了吗？

王先生曾有一段最沉痛的话："芭蕉不卷丁香结，强将笑脸向人间；东风无力百花残，勉驻春光于笔下。竹枝空唱，莲花谁怜，这只是'吊月秋虫，偎栏自热'的心情。我辈写小品杂文的，就是这般的心情呢！"

严范孙诗

　　前年（一九四八年）秋初，余于杭州地摊旧肆中搜集文献，偶得严范孙古近体诗存稿。余以患疟卧床披读竟卷，心殊喜之。严先生为当代教育界名家，曾主北洋大学校政，初不知其工诗也。他曾和王守恂先生谈及诗的风格，谓："今人尚新体诗，曾见有工新体者，谓我诗颇与新体近之，是何说也？"守恂答曰："此无他，公之诗情真，理真，事真，不牵强，不假借，不模糊，不涂饰，如道家常，质地光明，精神爽朗，能造此境，又何新旧之殊，与古今之异！"这番论调，和当时新体诗的主张，如黄遵宪、梁启超诸人所谓"熔铸新理想以入旧风格者"完全相合；换言之，这便是时代的气息，道虽不同而同趋于一个方向。严先生有《自题》绝句："五十为诗已最迟，况将六十始言诗；此生此事知无分，聊学盲人打鼓词。"他的口吻，又和后来"五四"时代所倡导的"白话诗"相合了。

严老笃行君子，而诗多风趣，杂以俳谐。其《游意大利邦渒古城》诗："平生不入平康里，人笑拘墟太索然；今日逢场初破戒，美人去已二千年。"末句出人意表，读完不觉失笑。（邦渒城中有二千年前之妓院在焉。）他到底喝过墨水，吃过面包，呼吸过欧风美雨的，敢于摄取新意境，遣使新词语，运用新语法，不受旧诗律的拘牵与旧意境的束缚，敢于逃出如来佛的掌心翻斤斗。如《榛苓谣》《铁血吟》《入美杂诗》，所用现代术语及美国人名地名之多，并不在后来著名的《送梅觐庄往哈佛大学》诗之下。王守恂引杨万里《序范石湖诗》谓："公之诗，非能工也，不能不工耳。"他说范老"诣力于典章之沿革，政治之设施，经训之纯疵，词章之同异，笔札之工拙，及夫义理之浅深，人伦之鉴别，莫不融会贯通，蕴蓄涵含，适有感触，偶然发露，自抒胸臆，不假安排。"诚如杨万里所谓"猝然谈笑而道之，非若羁穷酸寒无聊不平之意也"。清末诗风，受宋诗的影响甚深；而新诗体诸家，也与杨万里、范石湖最相近，王守恂以杨万里之说论定严老之诗，也可见严诗所受宋诗的影响。

我对于新旧诗都是门外汉，爱读的诗，也未必合乎诗家的标准，不过诗总以"蕴藉含蓄"为高，因此严诗八百余首，我最爱好如次的一首：

东风作意助花开，柯叶鲜新若剪裁。不问园亭谁是主，纷纷蜂蝶过墙来！（《南满道中》）

《红楼梦人物论》

　　王昆仑的《红楼梦人物论》出来，红学研究才进入新的阶段，可以称之为"新红学"，这既不是王梦阮、蔡元培的猜谜式的红学，也不是胡适之、顾颉刚式的《红楼梦》考据，而是从新的社会观点来批判那一群人物的意识形态的"新红学"。雷电华先生说他"不单是了解了贾府上上下下每一个人儿的风情，甚至连和他（她）们摆龙门阵，乃至谈情说爱，打情骂俏，都够资格"，确乎不错。（此书曾以散篇见于重庆出版的《现代妇女》，今由国际文化服务社出版，为近年来畅销书之一。）

　　贾宝玉的性格，若干方面颇似屠格涅夫笔下的罗亭，从这面镜子中，也可以照见我们（连王先生也在内）的灵魂深处。他论贾宝玉的直感生活，说："从没落的贵族群中发现了彗星式的人物，一时光芒夺目，颇为惊人，但是昨夜的彗星究竟没有变成明晨的旭日；他除去灵感、贞情、正义，并不具有从现实世界中创造新时代的力量。作者说那块石头经过锻炼，不过是些私生活的情感磨折；作者说那石头上被镌刻了字迹，不过是些女人的名字，于此，他晓谕了我们，凡专凭直感反对现实的人物毕竟是不能改造现实的，只有怀抱'无才补天''枉入红尘'的悲痛以归幻灭而已。"这可以说是曹雪芹的自我批判，也可以说是我们知识分子这一阶层的解剖；章太炎、梁启超、章士钊、胡适诸氏，也逃不了这几句考语的。

曹雪芹的文艺修养很深，《红楼梦》中时常插入有趣的"文字游戏"；所以王、蔡诸氏用猜谜的方式来附会，不能说毫无因由；不过附会得越深，离题也就愈远了。王昆仑先生也懂得这一份道理。他说："贾家四姊妹每个人有每个人的性格与际遇，但结局都同样不好；她们的名字'元''迎''探''惜'是可以读作'原应叹息'的。"这也是一种附会，但九九不离经，合得上曹雪芹原著中所用"万艳同杯（悲）、千芳一窟（哭）"的尺度。我们且慢说王先生的诗文，单就这部书说，是可以不朽的了。

《约翰生传》

　　十九世纪，英国文学家麦皋莱说："如果荷马是第一英雄诗人，莎士比亚是第一戏剧家，德摩西尼士是第一演说家，那么，鲍士伟尔（James Boswell）毫无疑问是第一位大传记家。"鲍士伟尔，便是《约翰生传》的作者。麦氏还下了一句有趣的评语："鲍士伟尔原来是一个大傻瓜，只有这样的大傻瓜，才能写出这样的大著作。"

　　近代的传记文学，有一大进步，即是把圣贤、英雄、领袖，去其神奇部分，当作一个普普通通、平平凡凡的人来描写，每一个人都有其缺点，凡间并无"圣人"，正如一切白璧都有其瘢疵；每个人的下意识库藏中，也都有其不可告人的阴影，尽管打扮着"正人君子"的模样出现，撒旦还是和他同住在一块儿。鲍氏的《约翰生传》在这一方面，它是属于近代性的传记，最真实、最成功的开山之作。

约翰生是十八世纪的一个"怪杰"。在鲍士伟尔笔下，这"怪杰"的怪相，写得穷形极相，使你捧腹大笑。十八世纪的英国绅士，最讲究仪表风度，处处要显出"雅"来；约翰生的容貌、举止、谈吐，正相反，一点儿也不"雅"。他"中等身材，满脸瘢疤，走起路来，一摇一摆，吃起东西来，狼吞虎咽，活像一只人熊"。鲍氏写道："我从来没见过人家欢喜好吃的东西，像约翰生那样子的。吃东西的时候，他的全副精神贯注在这东西上面。他的眼睛盯着盘子。除非有贵宾在座，总是一言不发，至于人家谈什么，也不理会。这样，一直要等到他的食欲满足了才罢。他的食欲有如饕餮，食量大极了；一面吃着，一面额角上青筋暴了起来，一颗颗汗珠也落下来了。"我是二十年前读这部《约翰生传》的简本的，直到今天，想起了他的吃相，还觉得好笑。

英国人是懂得幽默的，鲍氏写这本《约翰生传》，不时也嘲笑了自己，有一晚上，他向约翰生诉说他想象中的痛苦。约翰生听得发厌了。刚巧一只小虫子绕着烛光飞舞，结果投在火上死了。约翰生便板着面孔对鲍士伟尔说："这小动物真是自讨苦吃，我相信它的名字，叫作鲍士伟尔！"他就这么老老实实地写在传记中去；不独约翰生是个怪人，鲍士伟尔也怪得有趣。约翰生曾经说："传记唯一的条件是真实。"鲍氏替他老师的话实践了。

等到路得维希、莫罗亚、史特莱出来，传记文学进入新的高峰，但要超过鲍士伟尔的《约翰生传》，也还不可能呢。

《维多利亚女王传》

　　《维多利亚女王传》，我说的不是这部正在上演的影片，而是那部斯特雷奇（Lytton Strachey）写的伟大的传记（商务译本）。当代三大传记作家路得维希（德）、莫罗亚（法）和斯特雷奇（英），都是我所爱好的人，路氏绵密，莫氏明快，斯氏深刻，各以所长，自成一家言。

　　传记的艺术是不容易的，斯氏说："传记家要保持一种恰当的简洁，就是说，要把一切重沓泛滥的材料完全删去，而没有删掉一点儿重要的材料，这毫无疑问是传记家第一个任务。至于第二个任务，那也同样没有问题，就是传记家要保持他精神上的自由。他的任务不在恭维人家，而在把种种有关系的事实，依照他所能了解的，揭露出来，既不偏袒，也不带别的用意。"（传记家要有超脱的态度，要与他的对象保持一个适当的距离。他对他的传既要能"入乎其内"，又要能"出乎其外"。"入乎其内"，就是设身处地，"出乎其外"，就是置身事外。能"入乎其内"，于是能对传主表同情，能与传主共爱乐；能"出乎其外"，于是能观察他，衡量他，描写他，还他一个本来面目。）

斯特雷奇笔下的维多利亚女王，是活在我们眼前的，诚如华尔芙夫人所说的："斯特雷奇的维多利亚女王将是一般人心目中的女王，好比鲍士伟尔的约翰生博士是我们心目中的约翰生博士。"这是一个有血、有肉、有灵魂的形象；她让斯氏进入她的下意识中，使我们明白，她如何爱上了亚尔培（配王），又为什么跟他闹别扭，后来为什么又和好起来。至于那些首相们，她欢喜狄士莱利与梅尔本勋爵，不欢喜格兰斯敦与柏默斯敦；他就从她的心灵深处，发掘出她为什么欢喜这个而不欢喜那个的缘由。这是他对于这个女王心灵园地的探险，找到了她朋友们所没有知道的秘密。而且他对于这位女王，并不作过分的同情。"他的笔端始终带着精致的谐谑与轻微的讽刺。她的虚伪、浮浅、恶俗、怪诞，没有一样能跳过他尖锐的笔头。他是活了二百多岁的服尔太[①]（Voltaire），他有服尔太那种冷静分析的头脑，虽则他的感觉，他的想象是现代的产物。"

假如你看了那部影片，觉得满意的话，你看了斯氏的传记，会觉得更满意呢！

---

① 今通译为"伏尔泰"。

后记

湖南叶麻子德辉，他曾写一本谈版本源流的书，题名《书林清话》，那是一本好书。我可要交代一句，我的《书林新话》，并非《书林清话》的续编，也无意于版本源流的考订。生平也曾聚了三次书，第一次聚得最多，也有些精刻的版本，差不多我三十前后那十年间的教读心血所得都花在这上头了；哪知，"一·二八"浩劫中，我的房子和书籍完全被毁掉了。一九三二年到一九三七那五年间，又聚了一大批书，选购范围偏于文史、社会科学，比较有系统，其中三分之一毁于金华家乡，那都是精本；三分之一在上海被群众书局搬来搬去搬掉了；残存的三分之一，简直不成样儿。总之，"八一三"抗战以后，把我的书也就"抗"完了。从旅居赣州起，到胜利后居沪五年间，又积了一批书，分量更少，范围更狭，只是把我自己研究的几个专题，广泛找些材料就是了。却也积存了全份《观察》《文摘》《时与潮》《世纪评论》《新中华》《世界知识》一大批定期刊物，最近，为了搬家，非忍痛出售不可了。

不过，这些书本乃是我的旧友，提起它们的名字，比我的老友还更亲爱的。那位叶麻子在书橱上贴着"老婆不借书不借"的条子，虽是十分可笑，但书本本可亲，有时甚于爱人，却也是实情。鹤见祐辅说："寂寞的深夜，干游子之血泪；凄清的早晨，温老人的胸怀。日暮途穷之日，给予生机；心灰意冷之际，鼓舞以勇气。于傲慢的情感中，唤起谦虚的冲怀；于彷徨歧路之时，使还于康庄，这些都是读书的恩惠。花晨月夕，旭日皓皓之朝，飞雪霏霏之夕，无论怎样的时候，没有不适宜于浏览卷籍的。书本诚然是人类的最大恩人。"

"假定从我们民族生活里夺去一卷《论语》，我们的思想果能像今日一样了吗？我们的现实生活又果能如今日一样了吗？"

提笔有作，乃作《书林新话》。